MARCO POLO

Reisen mit **Insider Tipps**

KARIBIK

KLEINE ANTILLEN: ANTIGUA, BARBADOS, DOMINICA, GRENADA, GUADELOUPE, MARTINIQUE, ST. BARTH'S, ST. KITTS, ST. LUCIA, ST. MAARTEN, ST. VINCENT, VIRGIN ISLANDS

MARCO POLO Koautorin
Irmeli Tonollo

Irmeli Tonollo ist freie Journalistin und Reiseschriftstellerin und schreibt für deutsche Buch- und Zeitschriftenverlage. Nach dem Abitur ging sie für drei Jahre nach London, um Anglistik und Indologie zu studieren. Über Freunde kam sie auf die British Virgin Islands, die ihr gleich so gut gefielen, dass sie ihren zweiten Wohnsitz dorthin verlegt hat. Seit 1993 bereist sie regelmäßig alle karibischen Inseln.

www.marcopolo.de/karibik-kleine-ant

← UMSCHLAG VORN:
DIE WICHTIGSTEN HIGHLIGHTS

Die besten Insider-Tipps → S. 4

Barbados → S. 32

Windward Islands → S. 40

Französische Antillen → S. 56

4 DIE BESTEN INSIDER-TIPPS

6 BEST OF ...
- TOLLE ORTE ZUM NULLTARIF S. 6
- TYPISCH KARIBIK S. 7
- SCHÖN, AUCH WENN ES REGNET S. 8
- ENTSPANNT ZURÜCKLEHNEN S. 9

10 AUFTAKT

16 IM TREND

18 STICHWORTE

24 ESSEN & TRINKEN

28 EINKAUFEN

30 DIE PERFEKTE ROUTE

---

32 BARBADOS

40 WINDWARD ISLANDS
DOMINICA, GRENADA, ST. LUCIA, ST. VINCENT

56 FRANZÖSISCHE ANTILLEN
GUADELOUPE, MARTINIQUE, ST-BARTHÉLEMY, ST-MARTIN

68 LEEWARD ISLANDS
ANGUILLA, ANTIGUA, MONTSERRAT, NEVIS, ST. KITTS

SYMBOLE

INSIDER TIPP	Insider-Tipp
★	Highlight
●●●●	Best of ...
	Schöne Aussicht
	Grün & fair: für ökologische oder faire Aspekte
(*)	kostenpflichtige Telefonnummer

PREISKATEGORIEN HOTELS

€€€	über 200 Euro
€€	100–200 Euro
€	unter 100 Euro

Die Preise gelten pro Nacht für zwei Personen im Doppelzimmer in der Wintersaison

PREISKATEGORIEN RESTAURANTS

€€€	über 35 Euro
€€	20–35 Euro
€	unter 20 Euro

Die Preise gelten für ein Essen mit Vor- und Nachspeise, aber ohne Getränke, Steuern und Trinkgeld

NIEDERLÄNDISCHE ANTILLEN 82
SABA, SINT EUSTATIUS, SINT MAARTEN

VIRGIN ISLANDS 90
ST. CROIX, ST. JOHN, ST. THOMAS, TORTOLA, VIRGIN GORDA

AUSFLÜGE & TOUREN 100

SPORT & AKTIVITÄTEN 106

MIT KINDERN UNTERWEGS 110

EVENTS, FESTE & MEHR 112

ICH WAR SCHON DA! 114

LINKS, BLOGS, APPS & MORE 116

PRAKTISCHE HINWEISE 118

SPRACHFÜHRER ENGLISCH 124

SPRACHFÜHRER FRANZÖSISCH 128

REISEATLAS 132

REGISTER & IMPRESSUM 158

BLOSS NICHT! 160

Leeward Islands → S. 68

Niederl. Antillen → S. 82

Virgin Islands → S. 90

Reiseatlas → S. 132

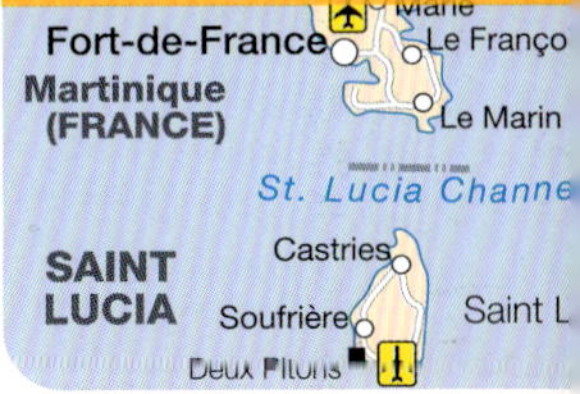

GUT ZU WISSEN

Geschichtstabelle → S. 12
Eigenwillige Sprache → S. 21
Spezialitäten → S. 26
Mini-Mokes → S. 49
Bücher & Filme → S. 65
Bus fahren → S. 73
RMS „Rhone" → S. 96
Währungsrechner → S. 119
Was kostet wie viel? → S. 121
Wetter auf Martinique → S. 122

KARTEN IM BAND

(134 A1) Seitenzahlen und Koordinaten verweisen auf den Reiseatlas
(0) Ort/Adresse liegt außerhalb des Kartenausschnitts
Es sind auch die Objekte mit Koordinaten versehen, die nicht im Reiseatlas stehen
Karten von Castries (Saint Lucia), Roseau (Dominica), St. George's (Grenada) und St. John's (Antigua) im hinteren Umschlag

UMSCHLAG HINTEN: FALTKARTE ZUM HERAUSNEHMEN →

FALTKARTE 🗺

(🗺 A–B 2–3) verweist auf die herausnehmbare Faltkarte

Die besten MARCO POLO Insider-Tipps

Von allen Insider-Tipps finden Sie hier die 15 besten

INSIDER TIPP **Zimmer mit Aussicht**
Vom New Edgewater Hotel auf Barbados hat man einen tollen Blick auf die wilde See des Atlantiks (Foto re.) → S. 39

INSIDER TIPP **Lobster zum Lunch**
Besonders köstlich sind die Meeresfrüchte im familiären Restaurant Neptune's Treasure auf dem flachen Inselchen Anegada vor Virgin Gorda → S. 99

INSIDER TIPP **Im Garten Eden**
Der wunderbar verwunschene Hotelgarten des Papillote Wilderness Retreat auf Dominica bezaubert mit seltenen tropischen Pflanzen, üppigem Grün und betörenden Düften → S. 45

INSIDER TIPP **Afrikanische Wurzeln**
Ob Bootstaufe oder Hochzeit – der Big Drum mit exzessivem Trommeln und wilden Tänzen ist der spektakuläre Höhepunkt eines jeden Festes auf der Grenadineninsel Carriacou → S. 50

INSIDER TIPP **Segelstation in den Grenadinen**
Auf Bequia werden noch alte Bootsbau- und Fischereitraditionen gepflegt – selbst Walfang wird hier noch „mit der Hand" betrieben → S. 54

INSIDER TIPP **Ein Gläschen in Ehren ...**
Im Musée du Rhum Saint-James in Ste-Marie auf Martinique darf man zum Abschluss des Besuchs den hochprozentigen Exportschlager auch probieren → S. 61

INSIDER TIPP **Im Regenwald**
Einen kleinen Ausflug in die „grüne Hölle" ermöglicht der Fig Tree Drive in Antigua. Die Straße führt durch Mango- und Bananenwälder → S. 72

INSIDER TIPP **Before Sunrise**
Baden, schnorcheln und surfen können Sie hier natürlich auch, berühmt ist die Half Moon Bay auf Antigua aber für die besonders schönen Sonnenaufgänge → S. 74

INSIDER TIPP Strandbar mit Wildlife-Einlage

Das Beach House am Turtle Beach auf St. Kitts ist Feinschmeckern ohnehin ein Begriff. Von April bis Juli gibt es dann noch eine zoologisch höchst interessante Zugabe: Dann kann man mit Glück Wasserschildkröten beim Schlüpfen beobachten → S. 80

INSIDER TIPP Lunch mit Hafenblick

Genießen Sie im kleinen, aber freundlichen Hotel Sea View Inn in Basseterre auf St. Kitts die authentische Hafenatmosphäre, den schönen Blick auf Nevis und im angeschlossenen Restaurant das leckere Essen → S. 81

INSIDER TIPP Wo die Sonne im Meer versinkt

Vom Mine Shaft Café auf Virgin Gorda aus können Sie mit einem Cocktail in der Hand ganz entspannt den herrlichen Sonnenuntergang über den Virgin Islands bestaunen → S. 98

INSIDER TIPP Schmerz, lass nach

Ein Drink, der es in sich hat: Mindestens einen „Painkiller" muss man auf Jost van Dyke, der nordwestlichen Nachbarinsel von Tortola, probiert haben → S. 99

INSIDER TIPP Alle Düfte des Orients

An Markttagen duftet es in Grenadas Hauptstadt St. George's süß und verführerisch nach exotischen Gewürzen und tropischen Früchten (Foto li.) → S. 47

INSIDER TIPP Ein Segen für Segler

Cane Garden Bay auf Tortola ist mit seinen zahlreichen Beachbars ein idealer Treff für die große internationale Gemeinde der Müßiggänger → S. 97

INSIDER TIPP Achtung, Tiefflieger!

Exotische Vögel in prächtigen Regenbogenfarben umflattern die Besucher der Freiflugvoliere der Barbados Wildlife Reserve, die über eine Schleuse betreten werden muss → S. 110

BEST OF ...

TOLLE ORTE ZUM NULLTARIF

Neues entdecken und den Geldbeutel schonen

SPAREN

● *Abtanzen auf Virgin Gorda*

Mit dem Staffboat (immer zur halben Stunde) geht's auf Virgin Gorda von Gun Creek aus in den *Bitter End Yacht Club.* Jeden Donnerstagabend spielt hier eine Liveband, und es wird getanzt. Der Eintritt ist frei, und es gibt auch keinen Verzehrzwang → S. 99

● *Karneval auf St. Vincent*

Die *Carnival Street Party* mit Calypso- und Soca-Wettbewerben heißt auf St. Vincent „Vincey Mas": kostenloses Straßentheater, das Ende Juni oder Anfang Juli über die Bühne geht → S. 113

● *Kids for free*

Viele Hotels der Kleinen Antillen bieten Kindern unter 12 Jahren freie Kost und Logis – z.B. das *Blue Horizons Garden Resort* auf Grenada → S. 49

● *Picknick im Grünen*

Der botanische Garten von Roseau auf Dominica ist eintrittsfrei und bietet neben vielen Tieren und exotischen Pflanzen auch ideale Picknickmöglichkeiten (Foto) → S. 44

● *Pooling*

Die Pools der karibischen Hotels stehen auch Nicht-Gästen des Hauses frei zur Verfügung. Das Hotel *Zandoli Inn* auf Dominica hat ein besonders schönes Exemplar zu bieten → S. 45

● *Parkführung*

Die tropische Blütenpracht der *Andromeda Gardens* auf Barbados können Sie zum Nulltarif genießen, wenn Sie sich sonntags der kostenlosen, geführten Hiking-Tour anschließen → S. 33

● *Andacht und Markttreiben*

Erst Besinnung, dann das pralle Leben: Ein eintrittsfreier Besuch der Kathedrale von St. John's auf Antigua lässt sich gut mit einem samstäglichen Marktbummel verbinden → S. 73

●●●● Diese Punkte zeichnen in den folgenden Kapiteln die Best-of-Hinweise aus

TYPISCH KARIBIK
Das erleben Sie nur hier

● *Frischer Fisch*
Für Liebhaber von Fisch und Meeresfrüchten sind die Inseln der Karibik mit ihren exotischen Fischen und den phantasievollen Zubereitungsarten ein Paradies. Probieren Sie Flying Fish im *Brown Sugar* (Barbados) oder Crayfish im *La Maison* (Dominica) → S. 36, 45

● *Reggae, Calypso, Ragga, Soca, Zouk*
Die Musik der Inseln ist allgegenwärtig. Jeder Carnival, jedes Straßenfest, jeder „Jump up" kommt mit den besten Livebands daher. Dieses Lebensgefühl steckt an und lässt sich auf CD auch nach Europa exportieren ... (Foto) → S. 29

● *Partytime*
Was braucht man in der Karibik zum Feiern? Musik, Leckeres vom Grill und ganz viel Rum! Beim *Oistins Fish Fry* auf Barbados gibt's am Wochenende von allem reichlich → S. 38

● *Karibik-Flair*
Grenadas *The Carenage* ist der Prototyp einer karibischen Fischerbucht: bunte Bötchen dümpeln im Wasser, in der Luft liegt der Duft von gegrilltem Fisch, und von Frachtschiffen werden geschäftig Waren be- und entladen. Mehr authentisches Karibikleben geht nicht ... → S. 47

● *Fleischeintopf*
Pepperpot, der scharf gewürzte Fleischeintopf, der auf allen Inseln auf der Speisekarte steht, kommt ursprünglich aus Antigua und wird dort gern mit *fungi* (polentaartigen Mehlklößchen) serviert. Einen der besten auf der Insel bekommen Sie im *Sticky Wicket* → S. 73

● *Hart am Wind*
Auf einer gecharterten Yacht durch das türkisblaue Meer von Insel zu Insel zu schippern und abends den selbst gefangenen Fisch zu grillen – ein Traum! Ideales Revier: die British Virgin Islands → S. 100

● *Na denn Prost!*
Der *Ti-punch,* die französische Variante des Rumpunschs, ist ein Mix aus Rum, Limette und Zuckerrohrsirup, noch üppiger bemessen als auf den englischen Inseln. Einen der besten serviert *La Passion Créole* in Déshaie auf Guadeloupe → S. 59

TYPISCH

BEST OF ...

SCHÖN, AUCH WENN ES REGNET
Aktivitäten, die Laune machen

● ***Safer Shopping***
Die Malls der zollfreien Inseln St. Thomas und Sint Maarten laden ein, trockenen Fußes zu bummeln, zu shoppen oder kulinarische Leckerbissen auszuprobieren → S. 88, 95

● ***Glück im Spiel ...***
Sint Maarten, Guadeloupe, Martinique und Antigua haben die exklusivsten Spielcasinos. Wenn man schon nicht selber zocken möchte, kann man hier zumindest Glück und Pech der anderen beobachten. Besonder stilvoll geht das im *St. James Club* auf Antigua → S. 74

● ***Fit for Fun***
Nutzen Sie einen Regentag doch dafür, sich in Form zu bringen: Die Gyms der exklusiveren Hotels sind zumeist exzellent ausgestattet und bieten tolle Fitnessprogramme auch für Nicht-Gäste, z.B. das *Bougainvillea Beach Resort* auf Barbados → S. 39

● ***Piratengold und Zuckerrohrvergangenheit***
Martinique, Guadeloupe, Antigua, St. Kitts, Nevis, St-Barths und Barbados präsentieren kleine Museen zur Kolonialgeschichte mit schön präsentierten Exponaten, in denen man einen Regenguss gut überbrücken kann. Besonders schön: das *Barbados Museum* (Foto) → S. 34

● ***Rumprobe an der Hotelbar***
Jeder Bartender ist stolz auf die vielen guten Rumsorten der einzelnen Inseln. Probieren Sie die verschiedenen Destillate aus und bestimmen Sie Ihren Lieblingsrum als Mitbringsel für Zuhause. Stimmungsvoll ist die Bar von *Shirley Heights* in Antigua, mit Blick auf die Bucht → S. 74

● ***Unter Wasser im Trockenen***
Im *Coral World Marine Park* auf St. Thomas können Sie ein lebendes Korallenriff mit seinen exotischen Bewohnern durch eine Glasscheibe betrachten – und das Wetter draußen kann Ihnen egal sein → S. 111

REGEN

ENTSPANNT ZURÜCKLEHNEN

Durchatmen, genießen und verwöhnen lassen

ENTSPANNT

Sunset Cruises

Bei einem Glas Sekt oder Rumpunsch segeln und beobachten, wie sich erst die untergehende Sonne, dann der Mond im Meer spiegelt, dabei dem leisen Plätschern der Wellen lauschen – einfach himmlisch! → S. 108

Sonnengrüße

Inzwischen werden auf allen Inseln entspannende Yoga-Kurse für Urlaubsgäste angeboten. Das Hotel *Coral Reef Club* auf Barbados hält dafür besonders schöne Räumlichkeiten bereit → S. 39

Sonntags zum Cricket

Beim Lieblingssport der West Indies nimmt man ein *pattie* hier, ein Bierchen dort, ein Pläuschchen mit dem Nachbarn, ein Schläfchen in der Nachmittagssonne – das Cricketfeld als Kulisse für Müßiggang. Besonders empfehlenswert: *Stanford Cricket Ground* auf Antigua → S. 74

Teatime

Die Luxushotels der englischen Inseln zelebrieren ihre Teestunde ganz klassisch-britisch. Sandwiches, Scones mit Cream und feinster Assam oder Darjeeling unter Palmen erfreuen auch das mitteleuropäische Herz, z.B. im *Nisbet Plantation Beach Club* auf St. Kitts → S. 78

Verschönerungskur

Die Spas der exklusiveren Hotels bieten wunderbare Massagen, Packungen und Entspannungstherapien an, die auch Nicht-Gäste buchen können, z.B. das *Cap Juluca* auf Anguilla → S. 70

Go limin'

Ein Brauch, den man sich von den Einheimischen nur abgucken kann: *liming* – ganz entspannt ohne Absicht gar nichts zu tun. Auch hier ist das Motto: dösen, plauschen, von Bar zu Bar schlendern, sich in einer Hängematte unter Palmen wiegen (Foto). Zum Liming eignen sich die entspannten British Virgin Islands vorzüglich → S. 90

AUFTAKT

ENTDECKEN SIE DIE KARIBIK!

„Down the way where the nights are gay / and the sun shines daily on the mountaintop ..." – zwei Zeilen, die die Karibik treffend beschreiben. Der große Harry Belafonte verstand es in den 1960er-Jahren, die Sehnsucht nach Palmen, Sonne, Karneval, entspanntem Leben und karibischem Rum mit seinen Songs zu wecken. Tatsächlich scheint hier fast immer die Sonne. Die beständige Brise aus dem Nordosten macht das Klima jedoch gut verträglich. Und sollte es wirklich einmal regnen, handelt es sich meist nur um einen kleinen Schauer, der nach ein paar Minuten der Sonne wieder Platz macht.

Das schöne Wetter ist ideal für alle Wasserratten. Schnorchelnd oder tauchend lassen sich Korallenriffe erkunden, die meisten Hotels verleihen Surfbretter, Kajaks und Wasserskier, Charterfirmen vermieten Segelboote mit oder ohne Skipper. Einige Inseln haben noch aktive Vulkane und Regenwälder – wie z. B. Dominica, St. Lucia und Saba –, die zum Wandern einladen und Naturinteressierte locken. Wenn der perfekte Urlaub für Sie Sonnenbaden am Strand bedeutet, wenn Sie Nightlife erwarten – Diskos,

Bild: Shirley Heights, Blick auf English Harbour, Antigua

Was fürs Auge: farbenfroh gestrichene Häuser in Road Town auf Tortola

Spielkasinos, Restaurants –, dann bekommen Sie z. B. auf Barbados, Antigua oder Sint Maarten alles, wonach Ihnen der Sinn steht.

Jede Insel hat ihren eigenen Charakter, ihre eigene Geschichte

Jede Insel hat ihren eigenen Charakter, jede ist anders als ihre Nachbarin, auch wenn diese vielleicht nur wenige Kilometer entfernt liegt. Jede Insel hat ihre eigene Geschichte, ihre charakteristische Bevölkerungsmischung, ihre Sprache und ihr eigenes Gesicht. Ihre Bewohner, Nachfahren der Sklaven, haben sich im Laufe der Jahrhunderte mit Indern, Chinesen, Arabern, Engländern und Einwanderern der ganzen Welt vermischt. Hier leben Schwarz und Weiß in allen Erscheinungsformen zusammen, Muslime verstehen sich mit Hindus, Rastamänner mit Methodisten, Hoteliers mit Marktfrauen. Der gemeinsame Ursprung hat soziale, religiöse und kulturelle Barrieren weitgehend aus dem Weg geräumt. Dass die einzelnen Inseln politische, wirtschaftliche und soziale Unterschiede aufweisen, ist eher geo-

1000 v. Chr. Aus dem Orinoko-Gebiet stammende Indianer besiedeln von Süd nach Nord den karibischen Raum

1492–1504 Kolumbus bereist die Karibik viermal. In der Folgezeit kommen spanische Siedler auf die Kleinen Antillen

1536 Pedro a Campo, ein portugiesischer Seefahrer, landet auf Barbados

16.–18. Jh. Zwischen den Inseln der Karibik treiben Freibeuter ihr Unwesen

17./18. Jh. Franzosen, Engländer und Holländer siedeln sich im

grafischen und geologischen Voraussetzungen zu verdanken. Die französischen Inseln haben als Teil der Grande Nation (und natürlich mit deren finanzieller Hilfe) einen relativ hohen Lebensstandard. Auch den US Virgin Islands geht es mit dem Dollar als Landeswährung eher gut, während Inseln wie z. B. St. Vincent mit weniger entwickeltem Tourismus und einer Arbeitslosenquote von 20 Prozent mit den sozialen Folgen wirtschaftlicher Schwäche kämpfen.

Die Inselkette der Kleinen Antillen erstreckt sich in einem etwa 800 km langen, sanft geschwungenen Bogen von der Küste Südamerikas bis südöstlich von Puerto Rico. Viele der Inseln sind vulkanischen Ursprungs. Das lässt sich nicht nur an den oft steil aus dem Meer aufsteigenden Küsten und den schroffen Bergen im Inland erkennen, sondern auch an vielen, nur zeitweise ruhenden Vulkanen, an heißen Quellen und Schwefeldämpfen, die unvermutet aus Felsspalten aufsteigen. Dieser unruhige geologische Untergrund der Inseln bedeutet für deren Bewohner nicht nur den Segen eines fruchtbaren Bodens, sondern auch eine ständige Gefahr. Nur einige Inseln sind flach und zeugen so von ihrer Entstehung aus gehobenen Kalksteinsedimenten – meist die Überreste von Korallenbänken, die man z. B. auf Barbados oder Anguilla finden kann. Die Karibik ist ein subtropisches Gebiet. Im Unterschied zu den gemäßigten Breiten fehlen die uns gewohnten Jahreszeiten. Temperaturunterschiede zeigen sich eher im Laufe eines Tages als im Laufe des Jahres. Dennoch gibt es *seasons:* Im Sommer und Herbst steigen die Temperaturen geringfügig an, es fallen mehr Niederschläge: eine feuchtwarme Regenzeit. Im Spätsommer kann es vorkommen, dass aus dem südöstlichen Atlantik

Vulkane, heiße Quellen, Schwefeldämpfe

karibischen Raum an. Die Inseln erleben als Zuckerproduzenten eine wirtschaftliche Blütezeit, die dem Einsatz afrikanischer Sklaven zu verdanken ist

1833–63
England, Frankreich und die Niederlande schaffen die Sklaverei auf den Inseln ab

Ende des 19. Jhs.
Der Zuckerrohranbau geht zurück, da in Europa aus Rüben Zucker gewonnen werden kann

Mitte des 20. Jhs.
Nach dem Zweiten Weltkrieg setzt der Tourismus in der Karibik ein und bringt vielen Inseln einen neuen wirtschaftlichen Aufschwung

ein Hurrikan seinen zerstörerischen Weg durch die Karibik und weiter in den Süden der USA nimmt.

Der Irrtum des Christoph Kolumbus

Die Karibik war vom 16. bis zum 19. Jh. eine wichtige Drehscheibe im Warenverkehr zwischen dem amerikanischen Doppelkontinent und Europa. Als Kolumbus 1492 die Inseln betrat, läutete er eine neue Epoche für die Region ein. Die Inseln waren zu dieser Zeit von Indianerstämmen besiedelt, die in Kanus aus Südamerika gekommen waren. Da Kolumbus glaubte, einen Seeweg nach Indien gefunden zu haben, hielt er diese Menschen für „Inder". Noch heute erinnert die Bezeichnung Indianer an diesen Irrglauben, ebenso wie der im Angelsächsischen verbreitete Begriff *West Indies* für den karibischen Raum.

Die Besiedlung der Inseln durch europäische Einwanderer leitete ein düsteres Kapitel der Geschichte ein. Die Kleinen Antillen waren arm an Bodenschätzen. Dafür hatten sie fruchtbares Land, und schon bald fand sich auch ein gewinnträchtiges Anbauprodukt: Zucker. Allerdings war der Anbau von Zuckerrohr arbeitsintensiv. So kamen findige Europäer auf den Gedanken, die harte Arbeit auf den Plantagen von afrikanischen Sklaven verrichten zu lassen – die Indianer hatten sie ja schon fast ausgerottet. Für die Europäer entstand ein lukrativer Dreieckshandel, der den Afrikanern unendliches Leid brachte. In Schiffen zusammengepfercht, wurden die Sklaven von der westafrikanischen Küste verschleppt und auf den Märkten der Zuckerinseln an die Pflanzer verkauft. Dann wurden die nun leeren Schiffe mit Zucker und Zuckerprodukten für Europa beladen. Die Sklaverei in der Karibik wurde im 19. Jh. beendet. Zeitlich fiel ihr Ende mit dem Niedergang von „König Zucker" zusammen, denn in Europa war mit dem Rübenzucker ein Konkurrenzprodukt auf den Markt gekommen, das viele Plantagen auf den Antillen in den Konkurs trieb. Die europäischen Staaten erließen nach und nach Gesetze zur Abschaffung der Sklaverei in ihren Kolonien: Großbritannien (1833) zuerst, die Niederlande (1863) zuletzt.

Nach dem Zweiten Weltkrieg begann ein Prozess der politischen Umorganisation, der etlichen Kolonien die Unabhängigkeit brachte: Die meisten einst britischen Inseln sind heute eigenständige Staaten oder Teile eines Staatenverbunds. Die Niederländischen und die Französischen Antillen wurden dagegen zu überseeischen Provinzen

1966–83 Barbados, Grenada, Dominica, St. Vincent, St. Lucia und Antigua werden unabhängig

1973 Die Wirtschaftsorganisation Caricom entsteht, der heute viele Inseln der Kleinen Antillen angehören

1983 Mit einer militärischen Invasion auf Grenada stürzen die USA die angeblich kommunistische Regierung

1995–97 Ausbrüche des Vulkans La Soufrière zerstören Montserrats Hauptstadt Plymouth und den Südteil der Insel

Für eine Partie Domino im Schatten ist immer Zeit

ihrer Mutterländer, sind also völkerrechtlich Teile Europas. Ähnlich verhält es sich mit den US Virgin Islands (USA), während die British Virgin Islands noch eine britische Kronkolonie sind.

Hier sind Besucher willkommen

Die größte Einnahmequelle ist heute der Tourismus. Die Inseln tun deshalb für ihre Gäste, was möglich ist. Die Größeren verfügen inzwischen über eine Infrastruktur, die kaum Wünsche offen lässt. Die Kleineren bemühen sich, ihre Vorteile in ein gutes Licht zu rücken. Für alle Inseln gilt, dass die Einwohner Besuchern, die ihnen mit Respekt begegnen, offen und freundlich entgegentreten.

2002
Der Euro wird offizielles Zahlungsmittel auf den französischen Inseln Guadeloupe und Martinique

2004
Hurrikan Ivan richtet auf Grenada großen Schaden an

2006
Barbados trägt die „World Golf Championships" aus

2007
St-Martin und St-Barts lösen sich aus dem Département Guadeloupe und gelten von nun an als „französisches Außengebiet"

2007
Hurrikan Dean richtet auf den südlichen kleinen Antillen große Schäden an

IM TREND

1 Insel-spirierend

Kunst Fischerszenen und palmgedeckte Hütten – in der *Inner Gallery (Reduit Beach Avenue, Rodney Bay Village)* auf St. Lucia zeigen Kreative ihre „Caribbean inspired Art". Auch die *Gallery Of Caribbean Art (Queen Street, Speightstown, St. Peter)* auf Barbados konzentriert sich auf Werke von Künstlern, die ihre Inspiration in den Inseln gefunden haben. Jason de Caires Taylor geht einen Schritt weiter. Mit seinen Unterwasserskulpturen *(www.underwatersculpture.com, Foto)* gestaltet er die Landschaft mit – und schafft so neuen Lebensraum für Tiere.

Im Einklang 2

Natürlich Auf Dominica liebt man es natürlich. Im *Screw's Sulphur Spa (Wotton Waven, www.screwsspa.com)* baden Sie in mineralstoffreichem Wasser, bevor Sie sich mit *Onelove Livity (www.onelovelivity.com)* auf einen Eco-Trip verabschieden. Gemeinsam wird Yoga praktiziert und meditiert. Zu Ruhe betten Sie sich im *Jungle Bay Resort & Spa (Point Mulatre, Foto)*. Das Ökoresort wartet mit Holzhütten und einem Vulkansteinpool auf, bietet Yogakurse und vegetarische Küche.

3 Volle Kraft voraus

Scooter Geben Sie Gas! Mit den akkubetriebenen Unterwasserscootern entdecken Sie die Meereswelt im Handumdrehen – und mit viel Spaß. Ausprobieren können Sie die Geräte bei einem Ausflug mit *Atlantis Adventures (Shallow Draft, Bridgetown, Barbados)* oder mit *Aquanauts (Grand Anse Beach, Grenada, Foto)*. Für Tauchneulinge sind die Scooter von *Aqua Adventures (8168 Crown Bay Marina, St. Thomas, Virgin Islands)* wie geschaffen. Sie verfügen über eine Luftglocke, sodass man kein Tauchequipment benötigt.

In der Karibik gibt es viel Neues zu entdecken. Das Spannendste auf dieser Seite

Hochprozentige Karibik

4

Destillerien Die Karibik ist bekannt für ihren Rum. Nun öffnen immer mehr Destillerien ihre Türen für Besucher – und offenbaren das Geheimnis ihrer hochprozentigen Produkte. Die älteste Destillerie der Karibik ist die *River Antoine Distillery (St. Patrick's, Grenada)*. Dort wird noch mit einer alten Wassermühle gearbeitet, der Rum hat Bioqualität. Auf Martinique können Besucher den Herstellungsprozess vom Zuckerrohr bis zur Abfüllung verfolgen und im Anschluss daran auch den *La-Mauny*-Rum probieren *(Rivière Pilote, www.rhumdemartinique.com)*. Auf Barbados öffnet *Mount Gay (Spring Garden Highway, Bridgetown, www.mountgayrum.com)* seine Tore für neugierige Besucher. St. Lucias hochprozentige Geheimnisse entdecken Interessierte bei einer Tour durch das Roseau Valley *(über www.shoretrips.com)*.

Made in Barbados

5

Mode Internationale Mode mit dem gewissen karibischen Extra. Das schneidert Pat Brathwaite *(designerpaju.com)*. Barbados Flora und Fauna dienen ihr nicht nur als Inspiration, sie nutzt auch gerne lokale Stoffe und Farben in ihren Entwürfen. Auch bei *Kuumba Designs (www.facebook.com/KuumbaDesigns, Foto)* ist die karibische Inspiration sichtbar, tragbar sind die Ökostücke aber auch nach dem Urlaub. *Avark (Maple Court Cottage, Hastings, Christ Church, www.facebook.com/avarkinc)* spüren in ihren Kollektionen ihren afrikanischen Wurzeln nach und designen so einzigartige Taschen. Das Modeevent *Face of Fashion (fofashion.com)* ist eine der ersten Anlaufstellen für Fashionistas auf Barbados.

STICHWORTE

ARCHITEKTUR

Die Kolonialherren schmückten ihre Siedlungen mit Kathedralen, Palästen und prächtigen Bürgerhäusern so, wie sie es von den Städten zu Hause gewohnt waren. Vieles von dem, was sie errichteten, fiel jedoch den Tücken des Klimas, Feuersbrünsten, Kriegen und Stürmen zum Opfer. Stein war ein seltener Baustoff, der oft durch Holz ersetzt wurde, das schneller verrottet. Daher gibt es nicht so viele Baudenkmäler auf den Kleinen Antillen wie in den europäischen Mutterländern. Dennoch kann man manches Kleinod finden. Besonders interessant sind die alten Herrenhäuser der Plantagen, die so genannten *Great Houses*, die noch den Wohlstand ihrer ehemaligen Besitzer erkennen lassen. An ihnen lässt sich ebenso wie an den farbenfrohen kleinen Häuschen der weniger Betuchten erkennen, wie die Architektur an die Gegebenheiten des Klimas angepasst wurde. Umlaufende, überdachte Veranden schützen die im Inneren gelegenen Räume vor Sonneneinstrahlung, lassen aber durch die zahlreichen, meist mit Jalousien statt mit Glasscheiben versehenen Fenster jeder kleinen Brise die Möglichkeit, kühlend durchs Haus zu streichen. Ob der Architekt eines modernen Hotels gut war, lässt sich oft daran erkennen, inwieweit er diesen bewährten Baumustern gefolgt ist.

CRICKET

Nationalsport der englischen Inseln ist und bleibt Cricket! Barbados, die

Bild: Kolonialhaus auf Mustique

Piraten, Rum, Vulkane: Die Karibik ist nicht nur geologisch eine unsichere Zone, auch historisch kehrte selten Ruhe ein

Windward und Leeward Islands stellen Teams, die international beachtliche Erfolge erzielen. Am Wochenende, wenn die Sonne nachmittags nicht mehr so heiß brennt, finden sich die Einheimischen mit Kind und Kegel auf dem *local cricketground* ein, um ihre Spieler anzufeuern und Snacks zu verspeisen. Es macht gar nichts, wenn man die Spielregeln nicht versteht, man kommt und geht sowieso, wandert ein bisschen herum, schwatzt oder sitzt unter einem Baum im Schatten …

CRISTOBAL COLÓN

Christoph Kolumbus war der erste europäische Tourist in der Karibik. Heute weiß jeder Lokalpatriot auf den Antillen zu berichten, wann und auf welcher seiner Reisen Colón (so die spanische Version des Namens) die Inseln gesichtet oder „entdeckt" hat. Historisch gesichert sind die vermeintlichen Fakten nicht, denn Bordbuch, Augenzeugenberichte und die Karten des Entdeckerzeitalters stellen keine zuverlässigen Quellen dar. Aber vielleicht ist es ja auch gar nicht so wichtig …

DOMINOES

In praktisch jedem Rumshop wird Domino (sprich: Dominoes) gespielt. Zu viert – die sich gegenüber Sitzenden spielen zusammen – knallt man der Reihe nach die Steine auf den Tisch und spielt unter lautstarken Kommentaren um Getränke oder Geld.

Bunter Papagei auf St. Lucia

FLORA UND FAUNA

Viele Inseln der Antillen sind Paradiese für Naturkundler. Ob Sie nun an Vögeln oder Reptilien, an Orchideen oder Kakteen interessiert sind, hier finden Sie fast immer seltene endemische, also nur in begrenzten Gebieten auftretende Arten. Oft sind sie leider – wie die schönen Papageien von St. Vincent, St. Lucia oder Dominica – akut vom Aussterben bedroht, da Wilderer seit Jahrzehnten die Bestände verringern, um die Nachfrage europäischer und nordamerikanischer „Liebhaber" zu befriedigen. Mit einem ortskundigen Führer können Sie jedoch hoffen, im frühen Morgengrauen eines dieser Urwaldjuwelen zu erblicken.

Die Vielfalt der Arten im Pflanzen- wie im Tierreich ist bemerkenswert. Eine Ausnahme bilden nur die Säugetiere. Es gibt nur sehr wenige, kleine Arten auf den Inseln, Mungos z. B. oder das Nagetier Aguti. Auf Barbados und St. Kitts leben auch Affen. Die Welt der Reptilien hat ein paar besonders schöne Exemplare zu bieten, sehr große Leguane und Schlangen wie z. B. die Boa constrictor – Giftschlangen sind jedoch selten. Auf Wanderungen im Regenwald kann man mit etwas Glück auch bunte Schmetterlinge oder nicht minder farbenfrohe Käfer beobachten. Während einer Regenwaldwanderung wird der Pflanzenfreund vor Neid erblassen: All das, was in gemäßigtem Klima mit sorgfältiger Pflege im Blumenfenster oder im Gewächshaus mühsam am Leben erhalten wird, wächst hier in kraftstrotzender, wuchernder und farbiger Fülle: Philodendren, Palmen, Baumfarne und Bromelien, Orchideen und Farne, Bananen, Drachenbäume, Bambus und viele Pflanzen mehr.

Vor den Küsten der Inseln erstreckt sich ein weitläufiges Unterwasserreich, das lohnt, vorsichtig erforscht zu werden. Eine Taucherausrüstung ist nicht unbedingt erforderlich, denn Fische und Korallen lassen sich mit Schnorchel und Brille, mitunter schon mit bloßem Auge vom Boot aus beobachten.

Einige Inseln sind für Naturbegeisterte besonders zu empfehlen. Am schönsten ist Dominica mit seinen ausgedehnten Regenwäldern, seinen malerischen Wasserfällen und Tauchrevieren vor der

Küste. Auf Guadeloupe befindet sich der Vulkan La Soufrière in einem großen Nationalpark. St. Lucia hat neben schönen Regenwäldern und den Piton-Bergen ebenfalls einen Vulkan zu bieten, in dessen Krater Sie (nicht ganz) mit dem Auto fahren können – ein so genannter „Drive-In-Vulcano".

Auf anderen Inseln ist das Angebot nicht ganz so reichhaltig, aber fast immer findet sich eine kleine Schlucht mit epiphytenbewachsenen Bäumen, ein kleiner Nationalpark oder ein botanischer Garten.

HURRIKAN

Nicht jede *hurricane-season* beschert den Kleinen Antillen einen gefährlichen Tropensturm, und nicht jeder Hurrikan, der eine der Inseln berührt, richtet auch gleich größere Schäden an. Stürme, die mehrere Inseln in Mitleidenschaft ziehen, sind sogar die Ausnahme. Dazu gehörten indes die Hurrikane Louis und Marylin, die 1995 im Abstand von nur zehn Tagen über die nördliche Karibik fegten und vor allem auf Sint Maarten und St. Thomas erhebliche Schäden hinterließen. Die Spuren dieser Stürme werden größtenteils innerhalb weniger Wochen beseitigt.

INDIANER

Die Ureinwohner der Kleinen und Großen Antillen waren Indianer. Zuerst kamen die Arawaken aus dem Orinoko-Gebiet (Südamerika) und besiedelten in der Zeit von Christi Geburt bis zur Ankunft der Europäer die Karibik von Süden nach Norden. Sie waren friedliebende Bauern und Fischer, die auf vielen Inseln von den später nachströmenden, kriegerischen Kariben verdrängt wurden. Weder die Arawak-Stämme noch die Kariben konnten sich gegen die Spanier zur Wehr setzen. Sie fielen der Zwangsarbeit in den Minen, den eingeschleppten Krankheiten und dem systematischen Völkermord der Kolonialherren zum Opfer. Heute gibt es nur noch auf wenigen Inseln nennenswerte Bevölkerungsgruppen, in deren Adern indianisches Blut fließt.

KANNIBALEN

Es ist leicht zu erkennen, dass der Name „Karibik" für die gesamte Region auf seine ursprünglichen Bewohner zurückgeht, die Kariben (dass sie keines-

EIGENWILLIGE SPRACHE

Die Bewohner der britischen Inseln sprechen nicht einfach nur Englisch. Sie sprechen „Westindisch", eine melodiöse Sprache, die mit eigener Grammatik und Idiomen schon für Engländer schwer zu verstehen ist. Für deutsche Ohren ist das Westindische, will man miteinander redende Einheimische „belauschen", hoffnungslos, zumal es extrem schnell gesprochen wird. Redewendungen wie *I don't know* (Ich weiß es nicht) werden in der landesüblichen Sprache zu *me na no*. *I'll see you later* (bis bald) schrumpft zu einem knappen *lata*; *the worst place* (der schlimmste Ort) ist *de wussest place*. Natürlich haben sich die Inselbewohner, die mit ausländischen Gästen zu tun haben, ein gewisses „Amerikanisch" zugelegt, weshalb es kaum zu sprachlichen Problemen kommen wird, wenn man des Englischen einigermaßen Herr ist.

wegs die ersten Siedler dieser Gegend waren, wird mit der Namensgebung schlicht unterschlagen). Weniger leicht erkennbar ist jedoch, dass sich auch der europäische Begriff für Menschenfresserei vom Namen der Kariben ableitet: Die Kariben waren Kannibalen. So behaupteten es wenigstens die ersten spanischen Siedler und Eroberer der Inseln, die damit einen guten Grund zu haben glaubten, sich der lästigen Ureinwohner zu entledigen. In der Wissenschaft sind diese Berichte der Spanier indes umstritten.

NELSON

Horatio Nelson (1758–1805), der Sieger der Schlacht von Trafalgar, lernte sein Handwerk als Seemann in der Karibik. Doch der junge Offizier zeichnete sich nicht nur als umsichtiger Befehlshaber der britischen Karibikflotte aus, er war auch in seinen Privatangelegenheiten ein vorausplanender Mensch – wenn auch nicht immer mit Erfolg. Auf der Insel Nevis lernte er die junge Witwe Nisbet kennen, die im Ruf stand, eine sehr gute Partie zu sein. Nach der Hochzeit musste Nelson erkennen, dass ihr Wohlstand bei weitem nicht so groß war, wie er angenommen hatte, sodass ihm die erhoffte Sicherung eines standesgemäßen Lebensstils doch nicht gelungen war.

PIRATEN

Die Freibeuter, Piraten und Bukaniere waren im 16., 17. und 18. Jh. die wahren Herren der Karibischen See. Besonders die mit reichen Gold- und Silberschätzen aus der Neuen Welt beladenen spanischen Galeonen waren eine willkommene und oft auch leichte Beute. Henry Morgan, Blackbeard und all die anderen verwegenen Gesellen schreckten auch keineswegs davor zurück, selbst gut befestigte Städte auf den Inseln zu überfallen und auszuplündern. Ein Ende nahm das Piratenunwesen erst, als die europäischen Großmächte davon abließen, diese undisziplinierten und unberechenbaren Banden als Hilfstruppen in den Stellvertreterkriegen einzusetzen, die sie in der Karibik untereinander ausfochten.

RASTAFARI

Die ursprünglich auf Jamaika entstandene, dem Christentum entstammende Glaubensrichtung lehrt die Göttlichkeit Haile Selassies, der als Erfüllung einer Prophezeiung galt, die die Krönung des Kaisers von Äthiopien vorhersagte. Das Wort Rastafari leitet sich aus *Ras Tafari Makommen*, dem Fürstentitel des Kaisers Heile Selassi ab. Die Farben der Bewegung sind Rot, Gelb und Grün und als Symbol der Bewegung auf T-Shirts, Mützen, Schmuck u.ä. zu finden. Aufgrund der strengen Reinheitsvorschriften des Alten Testaments lehnen Rastafarians Alkohol und Tabak ab und ernähren sich vegetarisch und salzlos. Eine besondere Bedeutung hat *Ganja* (Cannabis), das rituell zum *Reasoning* (Nachdenken) geraucht wird und dem eine heilende Wirkung zugesprochen wird. Die Dreadlocks vieler Rastafarians sind Ausdruck ihrer Naturverbundenheit und Nähe zu Gott und erinnern an die Mähne des Löwen von Juda.

RELIGION

Die meisten Bewohner der englischsprachigen Inseln sind Anhänger verschiedener protestantischer Religionsgemeinschaften. Jede dieser Inseln hat eine (oder mehrere) methodistische, baptistische, anglikanische, adventistische Kirche und die Church of God. Auf den französischen Inseln dominiert die römisch-katholische Kirche. Außerdem gibt es auf allen Inseln Hindus und Muslime.

RUM

Mit Bedacht genossen, gehört Rum – ob pur oder im Cocktail – zu den kulinarischen Höhepunkten eines Karibik-Aufenthalts. Das aus Melasse (ein Abfallprodukt, das beim Pressen des Zuckerrohrs anfällt) hergestellte Getränk ist das letzte Zeugnis der ehemaligen Herrschaft des Zuckers auf den Inseln. Noch heute hat fast jede der Kleinen Antillen ihre eigene Marke, oft sogar mehrere, sodass man sich schwer tut, seinen persönlichen Favoriten zu küren.

VULKANE

Die Karibik ist eine geologisch unruhige Zone. Viele Vulkane sind nicht erloschen, sondern nur inaktiv. Große Schäden hinterließ der Vulkanausbruch auf Montserrat: 1995–97 zerstörten mehrere Eruptionen Teile der Insel und die Hauptstadt Plymouth. Die meisten der inaktiven Vulkane haben markierte Wege, sodass auch weniger trainierte Besucher sie begehen können. Besonders empfehlenswert ist eine Besichtigung auf Dominica, Guadeloupe, Martinique, St. Vincent und St. Lucia.

ZUCKER

Der Zucker regierte für lange Zeit das Leben auf den Kleinen Antillen. Die Inhaber der großen Plantagen bestimmten das politische und soziale Leben, obwohl sie oft als *absentee landlords* in London oder Paris residierten und ihre Besitztümer von Verwaltern führen ließen. Unermesslicher Reichtum und die damit verbundene Macht lagen in den Händen nur weniger Familien – geschaffen von einem Heer afrikanischer Sklaven, die für den Luxus ihrer Herrschaften oft genug ihr Leben lassen mussten. Erst der Anbau von Zuckerrüben in Europa brachte dem Plantagenwesen in der Karibik den Niedergang.

Guadeloupe: Zuckerrohr sorgte für den Reichtum der europäischen Pflanzer

ESSEN & TRINKEN

Die Karibik ist ein Paradies für Menschen, die gerne und gut essen, aber auch für jene, die nicht so anspruchsvoll sind. Hier kann man noch Neues erleben, und das Altbekannte bekommt man in einer guten Qualität geboten.

Die Speisen der internationalen Küche werden in den Hotelrestaurants dekorativ angerichtet. Und das, obwohl es nicht leicht und zudem teuer ist, in diesen Gefilden den Nachschub an Lachs und Wachteleiern zu organisieren. Wem der Sinn danach steht, der kann auch amerikanisches Fastfood bekommen: vom Hamburger bis zum Kentucky Fried Chicken. Aber bringen Sie sich nicht um den Genuss der karibischen Küche! Auf den Inseln werden Speisen serviert, die man zu Hause lange suchen muss. Halten Sie Ausschau nach Restaurants, die *Creole Food, Home Cooking* oder (auf Barbados) *Bajan Cuisine* anbieten: Fisch und Meeresgetier aus der Karibischen See, Obst und Gemüse aus den Gärten und von den Plantagen. Außerdem wandert allerlei Exotisches aus dem Regenwald in den Kochtopf: Gürteltier, Leguan, Riesenfroschschenkel ...

Zubereitung und Geschmack der Speisen fallen auf jeder Insel etwas anders aus. Das *Creole Cooking* ist meist den Kochkünsten der Plantagensklaven zu verdanken, es spiegelt aber auch die Küche der ehemaligen Kolonialherren wider. Auf den Französischen Antillen macht sich das Erbe der Grande Nation bemerkbar, auf anderen Inseln lässt sich der Einfluss der Briten nicht verkennen.

Bild: Meeresfrüchte-Büfett

Die einheimischen Gerichte sind voller Überraschungen, aber es wird auch Kulinarisches aus der ganzen Welt geboten

Interessant sind die heimischen Gewürze: Muskat, Ingwer, Nelken und Chili fehlen in fast keinem Gericht. Auch Tamarinde, Zitronengras, Zimt und Muskatblüte werden auf den Inseln geerntet und in die ganze Welt exportiert. Hübsch verpackt und in einem Körbchen drapiert, sind sie ein wunderbares Mitbringsel.

Zu allen Gerichten werden Kochbananen, Süßkartoffeln, Brotfrucht oder Okraschoten serviert. Als Nachspeise gibt es Obst in allen Variationen: Bananen, Ananas, Mangos, Papayas, aber auch mit Rum gebackene Kuchen, Kokosnusspudding oder Molonencis. Als Vorspeisen werden gerne *fritters* serviert, in Bierteig gebackene Conch- (Seeschnecken) oder Lobsterteile. Auch Eintöpfe wie *pepperpot*, rote Linsensuppe, *calalou* (eine Art Spinatsuppe) oder Kürbiscreme stehen meist auf den Karten.

Das Nationalgericht von Grenada heißt *oil down,* ein herzhafter Eintopf aus Dörrfleisch, Mehlklößen, Brotfrucht und Calalou, zusammen mit Kokosmilch, frischen Kräutern und Gewürzen gegart.

SPEZIALITÄTEN

▶ **Accras** – Fisch- oder Gemüsekrapfen (franz. Inseln)
▶ **Blaff** – gedünsteter Fisch mit Zitrone, Knoblauch und vielen Kräutern (franz. Inseln)
▶ **Boiled fish** – Fischeintopf, meist Grouper oder Snapper
▶ **Boiled yam** – gekochte Süßkartoffel, die als Beilage zu Gemüse, Fleisch oder Fisch gereicht wird
▶ **Calalou** – Suppe aus spinatartigem Gemüse
▶ **Colombo** – Fleischcurry, als *Colombo de cabri* ein Ziegenfleischcurry (franz. Inseln)
▶ **Conch** – das Fleisch der großen Meeresschnecke (auch *lambi* genannt) wird in Bierteig ausgebacken und als *fritters* oder als Suppe oder Curry angeboten
▶ **Cray fish** – Languste (Dominica)
▶ **Flying Fish** – ausgebackener Fliegender Fisch (Barbados)
▶ **Fried plantain** – gebratene Kochbanane
▶ **Fungi** – Mehlklößchen
▶ **Goatwater** – eine Art Irish Stew mit Ziegen- oder Hammelfleisch
▶ **Jerk pork/chicken** – scharf mariniertes, gegrilltes Schweine-/Hähnchenfleisch (Foto re.)
▶ **Johnny cake** – ausgebackener Teigkloß, gern als Beilage zu Fisch oder Fleisch
▶ **Lobster** – Hummer, mit exotischen Gewürzen mariniert und gegrillt oder gebacken (Foto li.)
▶ **Mountain Chicken** – gebackene Froschschenkel, die im Geschmack an Hähnchen erinnern (Dominica)
▶ **Ocra** – bohnenartiges Gemüse
▶ **Patties** – gewürzte Teigtaschen mit Gemüse, Fisch oder Fleisch
▶ **Pepperpot** – herzhafter (gut gepfefferter) Eintopf mit Ochsenschwanz und anderem Rindfleisch
▶ **Pumpkin Soup** – Kürbiscremesuppe
▶ **Rice and beans/lentils** – Reis mit Bohnen/Linsen als Beilage zu Fisch und Fleisch
▶ **Roti** – aus der indischen Küche stammendes, mit Curry gewürztes Hähnchen-Kartoffel-Mus, das in dünne Brotfladen gewickelt wird
▶ **Saltfish with ackee** – gepökelter Stockfisch mit nach Rührei schmeckendem Gemüse
▶ **Squid Stew** – Tintenfischeintopf
▶ **Ti-punch** – starker, französischer Rumpunsch mit Limettensaft und Zuckerrohrsirup

Barbados' Spezialität ist *flying fish,* besonders lecker *baked* (leicht paniert). Antiguas inseltypisches Gericht *pepperpot* wird dort mit Mehlklößen serviert, St. Lucias Leibgericht ist *green fig and saltfish,* Kochbananen mit Stockfisch. St. Kitts serviert seinen *saltfish* als Stew mit Kochbananen, Kokosklößen und würziger Brotfrucht und in Sint Maarten isst man am liebsten *conch* mit Mehlklößen *(dumplings).*

Auf den französischen Inseln isst man vorzüglichen *blaff*, ein würziges Fischgericht. Eine wichtige Rolle spielt auch der Lobster, der eigentlich kein Hummer, sondern eine Languste ist. Unbedingt ausprobieren sollten Sie auch das aus der indischen Küche stammende *roti*, das meist mit Mangochutney gereicht wird. Eine besondere Empfehlung verdient das karibische Barbecue, das auf nahezu allen Inseln am Wochenende am Straßenrand veranstaltet wird. Grundsätzlich gibt es auf fast allen Inseln chinesische, italienische, auf manchen indische sowie auf dem niederländischen Sint Maarten auch indonesische Restaurants mit mehr oder weniger guter Küche und entsprechenden Preisen.

Wer isst, will auch trinken, und gerade bei den hohen Temperaturen werden Sie schnell das Bedürfnis nach einer Erfrischung haben. Je nach Geschmack können Sie zwischen verschiedenen Fruchtsäften und Sodas wählen. Die sogenannten *local drinks,* selbst gemachte Säfte aus Guaven – *soursop,* einer grünen, säuerlichen Frucht – oder aus Ananas, sind oft stark gezuckert. Wer es weniger süß bevorzugt, sollte sich an Grapefruit- oder Cranberrysaft halten oder sich eine frische Kokosnuss aufschlagen lassen und den Saft direkt aus der Schale trinken. Köstlich ist auch der *fruit punch,* eine Mischung aus verschiedenen Früchten, der versetzt mit Rum auch als *rum punch* getrunken wird. Allerdings ist es eher ein Touristengetränk. Die Kariben ziehen Cola-Rum oder Wodka vor. Oder versuchen Sie es doch einmal mit karibischem Bier, z. B. der Sorte *Carib.* Die einheimischen Biersorten sind leichter und alkoholärmer als die (teuren) importierten.

Exotische Cocktails – das Auge trinkt mit

Die Karibik ist das Reich des Zuckerrohrs, und das dient nicht nur zur Herstellung von Raffinade, sondern auch als Grundstoff für Rum. Nirgendwo auf der Welt werden Sie einen besseren bekommen als hier! Probieren Sie einen *Mount Gay* aus Barbados, am besten pur, oder lassen Sie sich einen der vielen Cocktails zubereiten, die, auf Rumbasis mit Säften und Likör gemischt, immer wieder neue Geschmacksnuancen entwickeln: z. B. *Planters Punch, Daiquiri, Mai Tai* oder *Zombi*. Sie werden schnell Ihren Favoriten finden.

EINKAUFEN

Neben dem Anbau und Export von Zucker war der Handel in den vergangenen Jahrhunderten die wichtigste wirtschaftliche Stütze der Kleinen Antillen. Die Inseln hatten, ebenso wie die nördlicheren Großen Antillen, die Funktion einer Drehscheibe zwischen den europäischen Heimatländern und den Kolonien auf dem amerikanischen Festland. Hier wurden Rohstoffe vom Kontinent und Fertigwaren aus Europa umgeschlagen, und immer verdienten geschäftstüchtige karibische Händler mit. Einigen Inseln wurde in dieser Zeit der Status von Freihäfen eingeräumt, sodass für die gehandelte Ware weder Steuern noch Zölle entrichtet werden mussten. Solche Privilegien gibt man natürlich nicht auf, und so sind heute noch einige Inseln ein wahres Einkaufsparadies für Kreuzfahrer und Touristen. Sint Maarten und die US Virgin Islands locken mit einem Warenangebot, das dem europäischer Metropolen kaum nachsteht. Inzwischen haben sich auch die meisten anderen Inseln auf diese lukrative Einnahmequelle besonnen; fast überall gibt es in der Hauptstadt ein eigenes Einkaufsviertel, in dem man nach Vorlage seines Reisepasses und des Flugtickets zollfrei einkaufen kann: Spirituosen, Parfümerieartikel, japanische Unterhaltungselektronik, Schmuck, Schweizer Uhren und Tabakwaren.

Achten Sie auf die Freigrenzen, die Ihnen der heimatliche Zoll bei der Rückkehr einräumt. Vergewissern Sie sich bei optischen, elektrischen und elektronischen Geräten, dass Sie eine internationale Garantiekarte erhalten und dass das Netzteil auf Ihre heimatliche Stromspannung ausgelegt ist. Oft sind die Geräte nur auf 110 Volt ausgerichtet.

KULINARISCHES

Hübsch verpackte Gewürze aus Grenada sind eine die Sinne anregende Erinnerung. Auch mit Gewürzen veredelter Kaffee oder Kakao oder exotische Konfitürensorten erfreuen den Genießer. Vielleicht nehmen Sie sich eine Flasche Ihres Lieblingsrums mit. Würzige Saucen, Chutneys oder Marinaden werden von kreativen Insulanern selbst hergestellt und sind in allen erdenklichen Geschmacksrichtungen erhältlich. Viele Inseln bieten ihre eigenen, landestypischen Kochbücher an, in denen authentische Rezepte (und Cocktailanleitungen) farbenfroh zusammengestellt sind. Ideal, um im verregneten Mitteleuropa ein Erinnerungsmenü nachzukochen!

Echte karibische Souvenirs sind selten, aber auf den meisten Inseln werden internationale Markenartikel zollfrei angeboten

KUNSTHANDWERK

Auf vielen Inseln der Kleinen Antillen werden Holzschnitzereien in Form von Schmuck, Schalen, Besteck, Bilderrahmen oder Skulpturen handgefertigt. Auch gehäkelte Deckchen oder Rastamützen sind typisch karibische Souvenirs. In manchen *Art Galleries* kann man schöne Inselgemälde kaufen, meist farbenfroh und naiv. Und – wie überall am Meer – gibt es auch hier Schmuckkästchen, Bilderrahmen und Etuis, die mit kleinen Muscheln verziert sind.

MUSIK

● Karibische Rhythmen wie Calypso, Reggaar, Ragga, Soca, Zouk oder Biguine haben die Welt erobert. Die angesagten Reggaesänger kommen meist aus Jamaica. Zu den berühmtesten gehören Buju Banton, Beenie Man und Sanchez. Auch der Calypso aus Trinidad ist auf den Kleinen Antillen von zentraler Bedeutung. Calypsosänger sind Komödianten, die ihre Songs mit viel Gestik und sprachlicher Komik vortragen. Inhaltlich geht's meist um brisante Themen der Politik, die respektlos und witzig kommentiert werden. Zu den wichtigsten Calypsonians gehören The Mighty Sparrow, Lord Kitchener und King Obstinate. Selbst auf den Kleinen Antillen gibt es reine CD-, bzw. Musikkassetten-Läden mit den neusten Hits der Inseln. Viele Geschenkeläden haben aber auch eine ganz gute kleine Auswahl an anspruchsvoller Reggae- oder Latinomusik.

SOUVENIRS

Als schöne Erinnerung kann auch ein mit Inselmotiven bedrucktes Shirt dienen. Oder Sie bringen sich für die grauen Wintertage daheim eine bunt gewebte Hängematte mit. Auch Seifen, Öle und Parfums mit karibischen Düften wie Frangipani, Kokosnuss, Mango oder Limone werden vielerorts angeboten.

DIE PERFEKTE ROUTE

Auf die Idee, alle Inseln der Kleinen Antillen bereisen zu wollen, wird sicher niemand kommen. Antigua im Norden, Guadeloupe in der Mitte und St. Lucia im Süden bieten sich aber besonders an, von dort aus Touren auf die Nachbarinseln zu unternehmen.

DREHSCHEIBE DER LEEWARD ISLANDS

Im Norden ist 1 ***Antigua*** **→ S. 71** mit dem VC Bird International Airport der ideale Ausgangspunkt. Hier landen die großen Jets aus Europa und den USA. Von hier aus geht es überall hin, mit Liat Airlines z. B. in einer halben Stunde nach 2 ***St. Kitts*** **→ S. 78** (Foto li.), dem Prototyp einer westindischen Insel unter ehemaliger britischer Kolonialherrschaft. Es lohnt sich, dieses Kleinod auf einer Fahrt mit dem Leihwagen zu umrunden. Zwischen St. Kitts und 3 ***Nevis*** **→ S. 77** verkehren fast stündlich Fähren (45 Min.). Von Antigua aus kann man freitags und samstags Ausflüge auf die Vulkaninsel 4 ***Montserrat*** **→ S. 75** unternehmen. Die vulkanischen Aktivitäten des Soufrière haben große Teile der Insel in Asche gelegt und in eine richtige Mondlandschaft verwandelt.

EASY GOING UND SHOPPING

Von Antigua aus nach 5 ***Anguilla*** **→ S. 68** fliegt man mit Liat in 40 Min. Die flache Koralleninsel mit ihren kilometerlangen Sandstränden lädt zum Faulenzen ein. Unbedingt einplanen: einen Drink bei *Johnno's Beach Shop,* der legendären Strandbar von Anguilla. Wer einen kleinen Shoppingbummel unternehmen möchte, fliegt von Antigua aus in 40 Minuten nach 6 ***Sint Maarten*** **→ S. 87** (Foto re.). Die zollfreie Insel bietet Einkaufsmeilen, Arkaden, edle Restaurants und Spielcasinos. Einzigartig: der Strand direkt vorm Rollfeld des Flughafens. Riesige Jumbo Jets dröhnen hier auf dem Landeanflug nur ein paar Meter über den Köpfen der sonnenhungrigen Urlauber hinweg. Wer auf Antigua weilt, muss auch mal auf 7 ***Barbuda*** **→ S. 75** gewesen sein. Mit dem *Barbuda Express* geht es auf die Schwesterinsel. Frisch gebackenes Brot, Lobster oder Burgers gibt es im *Palm Tree Restaurant* in Codrington.

FRANKREICH IN DER KARIBIK

8 ***Guadeloupe*** **→ S. 57**, die Hauptinsel der französischen Antillen, eignet sich hervorragend für Ausflüge auf die Nachbarinseln Dominica und Martinique. Von Pointe-à-Pitre schippert man mit dem *L'Express des*

Erleben Sie die vielfältigen Facetten der Karibik von Nord nach Süd beim Island Hopping von drei verschiedenen Stützpunkten aus

Îles in 90 Minuten nach Roseau auf **9** ***Dominica*** **→ S. 40**. Dieses Naturwunder erobert man sich am besten wandernd, aber bitte mit Respekt: Eine Tour zum Kratersee *Boiling Lake* kann man nur geübt und mit guter Kondition antreten. **10** ***Martinique*** **→ S. 61**, die Insel der schönen Strände und des köstlichen kreolischen Essens, ist von Guadeloupe aus ca. drei Stunden Fährzeit entfernt.

WINDWARD ISLANDS

Der beste Stützpunkt zur Erkundung der Windward Islands ist **11** ***St. Lucia*** **→ S. 50**. Die Insel mit den Wahrzeichen der Kleinen Antillen, den Pitonbergen, fasziniert mit langen, weißen Pudersandstränden, tropischen Regenwäldern und einem schlafenden Vulkan. Von hier aus geht es mit Liat Airlines bequem weiter auf die südlichen Nachbarinseln. So erreichen Sie z. B. von St. Lucia aus via Zwischenlandung auf **12** ***Barbados*** **→ S. 32** – von den eigenen Bewohnern liebevoll als „Little England" bezeichnet – in gut zwei Stunden **13** ***Grenada*** **→ S. 45**. Die Insel mit ihren Regenwäldern, malerischen Wasserfällen und Kaffeeplantagen wird auch „Gewürzinsel" genannt. Vor allem Muskat wird hier geerntet und in die ganze Welt exportiert.

SEGELN & TAUCHEN

Mit dem Postboot „Mv Jasper" kann man von Grenada aus in einer Stunde die nördlich gelegenen kleinen Inseln *Carriacou* und *Union Island* erreichen. **14** ***St. Vincent*** **→ S. 53** liegt nur 30 Min. Flugzeit von St. Lucia entfernt. Die Insel und ihre kleinen Schwestern, die *Grenadinen,* gehören zu den schönsten Segelrevieren der Welt. Klar, dass auch Tauchen und Schnorcheln spektakulär ist ...

Ausgangspunkte: Antigua (Leeward Isl.), Guadeloupe (Franz. Antillen), St. Lucia (Windward Isl.); empfohlene Reisedauer: eine Woche pro Ausgangspunkt
Detaillierter Routenverlauf auf dem hinteren Umschlag und in der Faltkarte.

BARBADOS

Mit einem Anflug von Stolz in der Stimme nennen die Bewohner ihre Insel „Little England". Und in der Tat, man spürt, dass hier das Vereinigte Königreich jahrhundertelang das Zepter führte und es noch heute tut. Barbados ist eine konstitutionelle Monarchie mit der englischen Königin an der Spitze.

Deren Vertreter auf der Insel, der Generalgouverneur, ernennt nach britischem Vorbild den Premierminister und die Minister. Auch sonst ist das englische Erbe hier allgegenwärtig. Für die Briten selbst ist Barbados eines der beliebtesten Urlaubsziele in der Karibik. Hier spricht man ihre Sprache, hier pflegt man ihre Sitten – mit *teatime* und *English breakfast* –, hier lebt man noch wie zu seligen Kolonialzeiten.

Barbados gehört zu den wenigen Karibikinseln, deren Wirtschaft intakt ist. Zucker und andere Zuckerrohrprodukte haben nach wie vor einen wichtigen Anteil am Export – der Mount Gay Rum aus Barbados ist einer der besten der Welt. Der Tourismus ist eine weitere wichtige Einnahmequelle. Die Süd- wie die Westküste der Insel sind mit schönen Hotels und Ferienanlagen bebaut. Früh schon wurden restriktive Bauvorschriften erlassen, sodass die Landschaft durch die Bebauung nur wenig beeinträchtigt wurde. Barbados ist nicht vulkanischen Ursprungs, sondern nur eine angehobene flache Platte aus Korallenkalk. Im Südwesten, an der Carlisle Bay, liegt die Hauptstadt Bridgetown, deren Vororte nach Osten und Norden allmählich in

Bild: Autobus in Bathsheba

„Little England“: Die Bajans, wie die Bewohner von Barbados genannt werden, fühlen und denken britisch

die weitläufigen Zuckerrohrfelder übergehen. Im Ballungsgebiet Bridgetown vermag man sich vorzustellen, dass die Bevölkerungsdichte der Insel nur wenig unterhalb der von Hongkong liegt: Barbados gehört mit 285 000 Einwohnern auf 430 km^2 zu den dichtest besiedelten Staaten der Welt. Sobald Sie aber in den Norden kommen oder an die wilde, felsige Ostküste, werden die Wege zwischen den kleinen Siedlungen länger, Touristen sieht man kaum noch, und auch Bajans begegnet man seltener.

SEHENSWERTES

ANDROMEDA GARDENS ★
(153 D3) (*🕮 H7*)
Die ehemalige Besitzerin Iris Bannochie schuf in langer, liebevoller Kleinarbeit auf dem abschüssigen Gelände um ihr Haus herum eine kleine Parkanlage, die eine üppige Fülle von tropischen, subtropischen und mediterranen Pflanzen beherbergt. Heute wird die Anlage vom Barbados National Trust geführt, der auch geführte ● INSIDER TIPP Hiking-Touren

Englisches Gemäuer, karibische Leichtigkeit: Brunnen auf dem Trafalgar Square in Bridgetown

(So kostenlos | Tel. 264 2 28 80 27 | www.hikebarbados.com) organisiert. *Tgl. 9–17 Uhr | Eintritt BDS $ 20 | oberhalb von Tent Bay | St. Joseph | www.barbados.org/androm.htm*

BARBADOS MUSEUM ●

(152 B5) (*🕮 H7*)

Im Komplex der Garrison Historical Area südlich des Stadtzentrums von Bridgetown kann man neben einer Reihe interessanter militärischer Gebäude aus dem 19. Jh. auch das staatliche Museum im ehemaligen Armeegefängnis besuchen. Schön sind die Möbel aus der Kolonialzeit, sehr anschaulich ist die Ausstellung zur Geschichte des Zuckerrohranbaus auf der Insel. *Mo–Sa 9–17, So 14–16 Uhr | Eintritt BDS $ 12 | Highway 42 | Garrison Savannah | www.barbados.org/museum2.htm*

BARBADOS WILDLIFE RESERVE

(152 C2) (*🕮 H7*)

Das schöne, dicht bewaldete Gehege beherbergt jede Menge einheimischer Tierarten, u.a. Affen, Schildkröten, Krokodile, Otter und viele exotische Vögel. *Fairley Hill National Park (s. „Mit Kindern unterwegs")*

BATHSHEBA (153 D3) (*🕮 H7*)

Das kleine Dorf (1000 Ew.) an der Ostküste ist vor allem bei den Einwohnern der Insel als Ausflugsziel beliebt. Die felsige Atlantikküste mit ihrer starken Brandung ist ein INSIDER TIPP exzellentes Surfrevier für Fortgeschrittene und Profis. Hier werden häufig Meisterschaften ausgetragen. Wenn Sie hier baden wollen, sollten Sie wegen der unberechenbaren Strömungen und der Brandung sehr, sehr vorsichtig sein!

BRIDGETOWN (152 B–C5) (*H7*)
Sie ist die Hauptstadt der Insel (ca. 7000 Ew.) und schließt den alten Hafen ein, der eine verbreiterte Mündung des Constitution River ist. Einen Stadtbummel beginnen Sie am besten in der Hafengegend. Das alte Hafenbecken trägt den Namen *The Careenage*. Er ist eine Erinnerung an die Zeiten, als hier die hölzernen Segelschiffe an Land gezogen wurden, um Ausbesserungsarbeiten am Rumpf durchzuführen. Auf Englisch heißt diese Tätigkeit „to careen". Noch heute legen hier gelegentlich kleinere Frachtschiffe an. Motoryachten, die Boote der Hochseefischer und Segelschiffe sieht man fast regelmäßig. Am Südufer der Careenage erstreckt sich die *Waterfront Arcade* mit einigen Geschäften und Restaurants. Nördlich der Chamberlainbrücke, die über den Fluss führt, liegen der *Trafalgar Square* und die Parlamentsgebäude, in deren Nähe auch die Busse abfahren, die sternförmig alle Ziele auf der Insel ansteuern. Im Süden, hinter der O'Neil Brücke, findet samstags der *Fairchild Market* statt, ein karibischer Wochenmarkt, wie er bunter, lauter und turbulenter nicht sein könnte. Nach Westen erstreckt sich am Hafen entlang *The Wharf*, parallel dazu verläuft im Norden die *Broad Street*, die Haupteinkaufsstraße von Bridgetown.

GUNHILL SIGNAL STATION
(152 C4) (*H7*)
Ein Panoramablick über die Hügel der Insel bis hin nach Bridgetown macht diesen ursprünglich für militärische Zwecke erbauten Aussichtsturm aus dem 18. Jh. zu einer beeindruckenden Sehenswürdigkeit. Eine kleine Sammlung alter Flaggen und historischer Karten von anderen *bajan* Forts ist dem Komplex angeschlossen. *Mo–Fr 9–17 Uhr | Eintritt BDS $ 10 | Gun Hill*

HARRISON'S CAVE (152 C4) (*H7*)
Da das fließende Wasser und die Tropfsteingebilde mittels farbiger Scheinwerfer effektvoll zur Geltung gebracht werden, kann man nur mit sehr viel Phantasie erahnen, wie die Höhle ausgesehen haben mag, bevor sie „well-developed" (gut entwickelt) wurde. Die englischsprachige Führung weiß jedoch viel Interessantes über die Geschichte der Höhle zu berichten. Trotz der kitschigen Präsentation lohnt sich ein Besuch, wenn Sie mit Ihren Kindern Ferien auf Barbados machen; Sie werden einen Heidenspaß haben. *Tgl., erste Tour 8.45, letzte Tour 16.45 Uhr | Eintritt BDS $ 60 | Welchman Hall | St. Thomas | Tel. 246 4 38 66 40 | www.harrisonscave.com*

MOUNT GAY RUM VISITORS CENTRE
(152 B2) (*H7*)
Auf einer 45-min. Tour im Visitors Centre wird die Geschichte des ältesten Rums der Welt erzählt, wenn auch die eigent-

MARCO POLO HIGHLIGHTS

★ **Andromeda Gardens**
Ein tropisches Gartenparadies für Blumen- und Pflanzenliebhaber → S. 33

★ **Welchman Hall Gully**
Hier hat der Regenwald etwas von Barbados zurückerobert → S. 36

★ **Atlantis**
Ein Fest für Augen und Gaumen: tägliches Bajan-Büfett zum Sattsehen und -essen → S. 36

★ **Brown Sugar**
Bajan Cuisine mit dem köstlichen „Flying Fish" – at its very best! → S. 36

liche Herstellung im Norden der Insel erfolgt. Ein kleiner Film führt in die Prozedur der Rumbrennerei ein. Zum Schluss kann man das Lagerhaus mit unzähligen Rumfässern besichtigen, ein paar Proben genießen oder eine Flasche des guten Tropfens als Souvenir erwerben. *Mo–Fr 9–16 Uhr | Eintritt US $ 6 | Spring Garden Highway | Brandons/St. Michael | Tel. 246 4 25 87 57 | www.mountgay.com*

RAGGED POINT (153 E–F4) (*H7*)
Im äußersten Osten der Insel treffen Atlantik und Karibisches Meer dramatisch zusammen. Hohe Wellen brechen schäumend über den Kalksteinklippen der schroffen Küste. Nur ein verlassener Leuchtturm auf dem Gipfel des Küstenfelsens scheint Zeuge des wilden Naturschauspiels zu sein. *Highway 5, Richtung Boscobelle | St. Philip*

ST. NICOLAS ABBEY (152 C2) (*H7*)
Keine Kirche, wie der Name vermuten ließe, sondern ein Plantagenhaus von 1650, dessen Parterregeschoss für Besucher zu besichtigen ist. Das Holz- und Steingebäude birgt einige Zimmer mit antiker Einrichtung sowie Portraits und Porzellan von Adelsfamilien aus dem 18. Jh. *So–Fr 10–15.30 Uhr | Eintritt BDS $ 20 | Cherry Tree Hill | St. Peter | www.stnicholasabbey.com*

SUNBURY PLANTATION HOUSE & MUSEUM (152 C2) (*H7*)
Nachdem das Anwesen 1995 einem Großfeuer zum Opfer fiel, wurde es ein Jahr lang liebevoll wieder aufgebaut. Mit kolonialen Antiquitäten und alten Stichen und Gemälden ausgestattet, gibt es Einblick in die Zuckerrohrdynastie des 18. Jhs. Eine Sammlung alter Pferdekutschen rundet das historische Szenario ab. Täglich wird im Hof des Hauses ein Mittagsbüfett *(US $ 30)* aufgebaut, abends gibt es an zwei Tagen in der Woche ein 5-gängiges Candlelight Dinner *(US $ 75)*. *Tgl. 9–17 Uhr | Eintritt US $ 7.50 | Six Cross Roads | St. Philip | Tel. 246 4 23 62 70 | www.barbadosgreathouse.com*

WELCHMAN HALL GULLY ★
(152 C4) (*H7*)
Wenn Sie einen Eindruck von der Fülle subtropischer karibischer Flora bekommen möchten, dann sollten Sie Welchman's Hall Gully nicht auslassen: ein Tal, das sich im Norden der Insel 2 km durch Kalksteinfelsen zieht und zum Naturschutzgebiet erklärt wurde. Wenn es im Gebüsch raschelt, sind es höchstwahrscheinlich die hier heimischen Meerkatzen. *Tgl. 9–17 Uhr | Eintritt BDS $ 20 | vom Highway 2 aus zu erreichen | St. Thomas | www.welchmanhallgullybarbados.com*

ESSEN & TRINKEN

ATLANTIS ★ (153 D3) (*H7*)
Jeden Tag gibt's original barbadisches Büfett und Spezialitäten wie *Saltfish stew* mit Okra und *Yam-pie* oder Breadfruit-Püree, *Flying Fish, Pepperpot,* Spinatbällchen, *Apple-pie*. *Tgl. | Bathsheba | St. Joseph | Tel. 246 4 33 94 45 | €*

BROWN SUGAR ★ ● (152 C5) (*H7*)
In einem wahren Dschungel aus exotischen Pflanzen wird auf den überdachten Terrassen unter leise sirrenden Ventilatoren beste Bajan-Küche serviert. Kulinarischer Tipp: *Flying Fish*. *Sa nur abends | Aquatic Gap | St. Michael | Tel. 246 4 26 76 84 | €€*

THE CLIFF (152 B2) (*H7*)
Open-Air-Restaurant auf einem Korallenriff mit dramatischem Blick auf das Meer. Frische Zutaten und ausgesuchte Speisen sind das Credo des Hauses. Sehr gut: Gegrillter Snapper mit Koriander-

sauce und Thaicurry-Shrimps. *So geschl., nur Dinner | Derricks | St. James | Tel. 246 4 32 19 22* | €€–€€€

umliegenden Hügel erst recht genießen. *Nur mittags, Mo geschl. | Suriname | St. Joseph | Tel. 246 4 33 13 00* | €€

Die Haupteinkaufsstraße in Bridgetown ist die Broad Street

THE FISH POT (152 B2) *(H7)*
Das familiengeführte Hotel liegt in einem kleinen Fischerort an der Nordküste. Abends sitzt man sehr romantisch auf der zum Meer hin offenen Terrasse. Zu den Spezialitäten des hauseigenen Restaurants gehören Krebstempura mit Algensalat oder gegrillter Lobster mit Basilikum-Kapern-Butter. *Tgl. | Little Good Harbour Shermans | St. Peter | Tel. 264 4 39 30 00* | €€–€€€

NANIKI RESTAURANT
(152 B2) *(H7)*
Der bunte Mix aus Holz, Steinfliesen, Strohmatten und farbigen Tischtüchern gibt dem Restaurant ein ganz eigenes karibisches Flair. Beim Genuss von gegrilltem Hähnchen mit Mangosauce oder gegrilltem Snapper mit Wermutsauce lässt sich der schöne Blick auf die

RAGAMUFFIN'S (152 B4) *(H7)*
Lebhafter Hang-out mit authentischer Bajan Cuisine. Auf der Speisekarte stehen u. a. fangfrischer Fisch und vegetarische Gerichte. *Tgl. | First St. Hole Town | St. James | Tel. 264 4 32 12 95* | €€

WATERFRONT CAFÉ (152 B5) *(H7)*
Direkt am Yachthafen von Bridgetown werden eine vielfältige internationale Küche und Livemusik geboten. *So geschl. | The Careenage | Tel. 264 4 27 00 93* | €–€€

EINKAUFEN

BROAD STREET (152 B5) *(H7)*
An der Haupteinkaufsstraße von Bridgetown liegen mehrere Einkaufspassagen mit Geschäften, die zollfreie Waren verkaufen.

Der Strand von Sandy Lane liegt nördlich von Bridgetown an der Westküste

EARTHWORKS POTTERY
(152 C4) (*H7*)
Farbenfrohe Keramik (Teller, Vasen etc.) und man kann den Töpfern bei der Arbeit zusehen. *2 Edgehill Heights | St. Thomas*

STRÄNDE

An der Westküste nördlich von Bridgetown tummeln sich die älteren und betuchteren Gäste, während die Südküste bevorzugt von jüngeren, sportbegeisterten Urlaubern und Einheimischen besucht wird. Vorsicht an den Stränden der Ostküste: Hier gibt es häufig eine starke Brandung und gefährliche Strömungen.

AM ABEND

BAXTERS ROAD (152 B–C5) (*H7*)
Der Besuch eines *bajan rumshops* lohnt, weil dort die Einheimischen hingehen. Sie finden einige in der Baxters Road in Bridgetown. Nach Mitternacht wird es, besonders am Wochenende, lebendig.

HARBOUR LIGHTS (152 B–C5) (*H7*)
Fast jede Nacht Party mit Livemusik. Gratistransport zum Hotel, wenn es mal des guten Rums zu viel war. *Bay Street | Marine Villa | St. Michael | Tel. 246 4 36 72 25*

OISTINS FISH FRY ●
(152–153 C–D6) (*H7*)
Freitags- und samstags findet hier *das* soziale Event der Bajans statt: *Oistins Fish Fry.* Von 18–22.30 Uhr gibt es gegrillten Fisch, Porkchops und Rum! Soca, Reggae und Pop begleiten das lebendige Treiben. Die Straßen von Oistins sind dann so verstopft, dass man frühzeitig einen Parkplatz suchen muss. Kaufen Sie sich ein Bier und schlendern Sie herum, bevor Sie sich für einen Fischstand entscheiden.

ÜBERNACHTEN

BARBADOS BEACH GUEST HOME
(153 D3) (*H7*)
Deutsch geführtes, kleines Hotel im Kolonialstil. *5 Zi. | Cleverdal | Worhting |*

Tel. 246 4 28 31 72 | www.vacationrentals.com | €

BOUGAINVILLEA BEACH RESORT (152 C6) (*H7*)
Direkt am Maxwell Beach inmitten eines tropischen Gartens mit Blick aufs Meer. Luxuriös eingerichtete Zimmer und Studios, ● Fitnesscenter, Swimmingpool mit Bar. Freundlicher Service. *138 Zi. | Maxwell Coast Road | Tel. 246 4 18 09 90 | www.bougainvilleresort.com* | €€–€€€

CORAL REEF CLUB (152 B4)(*H7*)
Die Cottages liegen in einem großen tropischen Garten rund um das Hauptgebäude herum. Jeder Gast hat seine eigene Veranda mit bezauberndem Blick aufs Meer. Das Hotel kultiviert klassische karibische Eleganz. ● Dienstags und donnerstags kann man im exquisiten Spa Yogaklassen belegen. *88 Zi. | St. James | Tel. 246 4 22 23 72 | www.coralreefbarbados* | €€€

CRYSTAL COVE (152 B4) (*H7*)
Auf einem Hügel in einem tropischen Palmengarten liegt dieses Hotel. Von den Balkonen aus hat man einen schönen Blick aufs Meer. Im Pool gibt es einen Wasserfall, durch den man zur Bar gelangt. Am Strand alle Wassersportarten. *88 Zi. | St. James | Tel. 246 4 32 26 83 | www.crystalcovehotelbarbados.com* | €€€

NEW EDGEWATER HOTEL (153 D3) (*H7*)
Das kürzlich renovierte Hotel liegt an der rauen Ostküste. Falls Sie Wassersportler sind, sind Sie hier gut aufgehoben. Die INSIDER TIPP Zimmer mit Blick auf den Atlantik sind einen Insidertipp wert. *20 Zi. | Bathsheba | St. Joseph | Tel. 246 4 33 99 00 | www.newedgewater.com* | €€

PEACH & QUIET (152 B4) (*H7*)
Die griechisch anmutenden Suiten liegen in einem tropischen Garten am Meer. Salzwasserpool und tolle Wassersportmöglichkeiten. *22 Zi. | Inch Marlow | Christ Church | Tel. 246 4 28 56 82 | www.peachandquiet.com* | €–€€

ROMAN BEACH APARTMENTS
(153 D6) (*H7*)
Freundlich geführte, einfache Studios für Selbstverpfleger, jenseits der Straße am Miami Beach. Kein TV oder A/C. *4 Ap. Enterprise | Oistins | Tel. 264 4 28 76 35 | www.romanbeach.com* | €

AUSKUNFT

BARBADOS BOARD OF TOURISM
P. O. Box 242 | Harbour Road | Hastings | Bridgetown | Tel. 246 4 27 26 23 | www.barbados.org

LOW BUDG€T

▶ Hohe Hotelkosten kann man sich sparen, wenn man familienbetriebene Bed-&-Breakfast-Angebote ausprobiert. Die *Barbados Tourism Authority* liefert Adressen in verschiedenen Preislagen. Ronald *Stoute & Sons (www.ronstoute.com)* vermieten Villen mit unterschiedlichem Komfort, geeignet besonders für Familien oder kleine Gruppen.

▶ Die beste und preiswerteste Adresse, um Duty-free-Güter zu erstehen, ist *Cave Shepard* in der Broad Street in Bridgetown. Tabakwaren, Parfüm und Alkohol sind gegen Vorlage von Pass und Flugticket hier sehr preiswert zu haben.

WINDWARD ISLANDS

Bei den geografischen Bezeichnungen für die Inselgruppen der Kleinen Antillen herrscht ein herrliches Durcheinander. Eigentlich bezeichnen die Namen Windward und Leeward Islands die Lage der Inseln im Verhältnis zu den Passatwinden.

Folgerichtig nannten die Spanier, Franzosen und Holländer die vor der Küste Südamerikas liegenden Inseln die „Inseln unter dem Winde" *(leeward)* und den Bogen, der sich von Süd nach Nord bis zu den Großen Antillen spannt, die „Inseln über dem Winde" *(windward)*. Aus unerklärlichen Gründen entschlossen sich die Briten jedoch, ihre Besitztümer von Trinidad bis St. Lucia als Windward Islands zu bezeichnen und die nördlich liegenden, bis hinauf zu den Virgin Islands, als Leeward Islands. Heute werden zu den Windward Islands alle nördlich von Grenada und südlich von Dominica (beide inklusive) liegenden Inseln gezählt. Diese Region der „schlafenden Vulkane" besitzt eine vielfältige Flora und Fauna. Die meisten Inseln haben große Naturparks mit Wander- und Trekkingpfaden. Der Schwefelgeruch ist beim Aufstieg durch den Regenwald nahezu allgegenwärtig.

DOMINICA

(146) *(F4–5)* **Dominica ist zwar die größte englischsprachige Insel der Kleinen Antillen, aber mit 73 000 Einwohnern nicht so dicht besiedelt wie andere Antilleninseln. Die Natur ist weder von**

Bild: Petit Piton bei Soufrière auf St. Lucia

Grünes Gold und Regenwälder: Die kleinen Inseln von Grenada bis St. Lucia bieten Ruhe und eine abwechslungsreiche Natur

Industrie noch vom Tourismus oder der Landwirtschaft zerstört worden und somit noch weitgehend intakt.

Dominica war das erste Land, das Kolumbus auf seiner zweiten Reise in die Neue Welt sichtete. Bevor er nach Norden weitersegelte, gab er der Insel den Namen, den sie auch heute noch trägt: Dominica, nach dem Tag des Herrn, an dem er sie gesichtet hatte. Erst 200 Jahre nach Kolumbus ließen sich die ersten Franzosen auf Dominica nieder. Deren Herrschaft über die Insel ging zwar im 18. Jh. zu Ende, bildete aber noch lange ein starkes Element unter britischer Oberhoheit. Großbritannien entließ Dominica von 1925 an schrittweise in die Unabhängigkeit, bis 1978 das autonome Commonwealth of Dominica entstand.

Das Landesinnere ist gebirgig, seine Höhenzüge weisen teilweise noch heute vulkanische Aktivität auf, ohne die die Insel nicht entstanden wäre. An den schmalen Küstenstreifen im Westen der Insel und in den flachen Tälern des Inneren breiten sich neben den Siedlungen Bananen-,

Kokos- und Zitrusfruchtplantagen aus. An den Hängen der Ostseite finden sich ausgedehnte Regenwälder, die durch die feuchten Atlantikwinde – die schweren Wolken regnen sich hier ab – entstanden sind. Der Regenwald auf Dominica ist ein sogenannter Stufenwald, in dem sich unter den Schirmen der Urwaldriesen eine Vielzahl anderer Pflanzen, z. B. Farne, Palmen, Orchideen, Bromelien und Schlingpflanzen, ausgebreitet hat. In diesen Wäldern sind zahlreiche Vogelarten beheimatet, zu denen der *Sisserou* gehört, eine seltene Papageienart, die zum Nationalvogel der Insel erklärt wurde. Der im deutschsprachigen Raum auch als Kaiseramazone bekannte Vogel ist leider vom Aussterben bedroht. In den Wäldern tummeln sich zudem unzählige Insektenarten, Schmetterlinge und Käfer, die besonders durch ihre prächtigen Farben auffallen. Giftschlangen gibt es auf Dominica nicht, dafür aber die Riesenschlange Boa constrictor, die über 4 m lang werden kann. Neben kleineren Eidechsenarten lebt auf Dominica der größere Leguan, der seine Verwandtschaft mit den Dinosauriern schon wegen seines Aussehens nicht leugnen kann. Besonders häufig kommt er an der Westküste vor.

Schwefeldämpfe durchziehen das Valley of Desolation auf Dominica

SEHENSWERTES

BOILING LAKE ★ (146 C5) (🕮 F5)

Eine der großen Attraktionen Dominicas macht es dem Besucher ziemlich schwer: Der mühselige Aufstieg durch das Valley of Desolation zum Boiling Lake ist nur für erfahrene Wanderer in guter physischer Verfassung zu bewältigen *(siehe „Ausflüge & Touren", S. 102)*.

CARIB TERRITORY ★ (146 C3) (🕮 F5)

Das Carib Territory südlich des Flughafens Melville Hall an der Ostküste ist das größte geschlossene Siedlungsgebiet der Nachkommen der Urbevölkerung der Kleinen Antillen. Die Bewohner der verstreuten Siedlungen lassen in den Gesichtszügen ihre Abstammung erkennen, doch sind die wenigsten von ihnen rein indianischer Abstammung. Die Behausungen und ihr Lebensstil sind fast wie überall auf der Insel: Antennen auf den Dächern und Pick-Ups vor den Häusern. Wenn man Glück hat, kann man dabei sein, wenn der Stamm eines Gummibaums in ein Kanu verwandelt wird. Spuren der alten indianischen Lebensweise und ihrer handwerklichen Techniken sind nur noch in kleinen Geschäften zu finden, die am Straßenrand Korbwaren.

EMERALD POOL (146 C4) (*🕮 F5*)
Ein hübscher kleiner Wasserfall stürzt in eine von Wald umgebene Felsgrotte und lädt zu einem kühlenden Bad ein. Unbedingt meiden, wenn Kreuzfahrtschiffe im Hafen liegen. *15 Min. Weg von der Pont Casse-Castle Bruce Road*

FRESHWATER LAKE (146 B–C5) (*🕮 F5*)
Leider hat der See von seiner einstigen Schönheit eingebüßt, seit er aufgestaut wurde und für Energieerzeugung und Frischwassergewinnung genutzt wird. Interessant ist die Wanderung dennoch. Man kommt auf der Höhe des Freshwater Lakes in Regionen, in denen der Regenwald erst dem Nebelwald und dann einer tropischen Bergvegetation weicht, mit windgepeitschtem Buschwerk, Moosen und Farnen. *Etwa 3 km nordöstl. vom Dorf Laudat, am Fuß des Morne Macaque*

INDIAN RIVER (146 A2) (*🕮 F4*)
Von der Brücke südlich von Portsmouth aus kann man eine Bootsfahrt durch den Indian River vereinbaren. Ruhige 40 Minuten lang geht's durch verwunschene Mangrovensümpfe und Kanäle. Schlingpflanzen und Bromelien hängen von den Ästen der Bäume herunter. An Kreuzfahrttagen sollten Sie den Fluss meiden. Verhandeln Sie mit Ihrem Bootsführer über den Preis *(ca. EC$ 40).*

ROSEAU (146 B5) (*🕮 F5*)
KARTE IM HINTEREN UMSCHLAG
Die kleine Stadt (16 500 Ew.) vermittelt einem das Gefühl, in die Kolonialzeit zurückversetzt worden zu sein. Keine

MARCO POLO HIGHLIGHTS

★ **Boiling Lake**
Dominica: heißer Kratersee → S. 42

★ **Carib Territory**
Besuch bei den Ureinwohnern → S. 42

★ **Concord Falls**
Grenada: Wasserfall mitten im Dschungel → S. 46

★ **St. George's**
Grenada: schönste Hauptstadt der Karibischen Inseln → S. 47

★ **Pitons**
Die beiden Bergkegel auf St. Lucia sind eines der Wahrzeichen der Kleinen Antillen → S. 51

★ **Dasheene Restaurant**
Für Feinschmecker: Kreolische Köstlichkeiten auf St. Lucia → S. 52

★ **Anse Chastanet**
Romantisches Hotel auf St. Lucia: toller Strand, toller Blick, tolle Küche → S. 53

★ **Segelrevier St. Vincent**
Die Gewässer rund um St. Vincent und die Grenadinen gelten als das schönste Segelrevier der Karibik → S. 53

★ **Botanic Gardens**
St. Vincent: ältester botanischer Garten der Neuen Welt → S. 53

★ **Tobago Cays**
Inselchen vor St. Vincent – zum Verlieben! → S. 55

Wasserfälle im Grünen: Trafalgar Falls

Hotelhochhäuser, wenige Neubauten, keine Duty-free-Shops und keine Touristenmassen (wenn nicht gerade ein Kreuzfahrtschiff angelegt hat). Roseau ist das Verwaltungs- und Handelszentrum der Insel. Farmer und Geschäftsleute kommen nach Roseau, um Behördengänge zu erledigen und um Obst und Gemüse zu verkaufen.

Ein Spaziergang durch die Altstadt ist ein geruhsames Unternehmen. Samstagmorgen ist Wochenmarkt an der Mündung des Roseau River im Nordwesten der Stadt. Das Geburtshaus der Schriftstellerin Jean Rhys in der Cork Street war lange eine kleine Pension, die heute geschlossen ist. Schlendern Sie durch den ● *Botanischen Garten* im Südosten der Stadt. Er wurde vor über hundert Jahren angelegt und ist mit seinen mächtigen alten Bäumen ein hervorragender Ort, um sich im Schatten auszuruhen.

SULPHUR SPRINGS (146 B6) (*🕮 F5*)
Die Schwefelquellen können Sie mit dem Auto bequem erreichen, nur die letzten paar Meter geht man besser zu Fuß. Die Quellen entspringen auf einer wenige Quadratmeter großen Fläche. Hier und da blubbert es: Wasser und Gas entweichen aus der Tiefe. Der strenge Geruch von Schwefel kündigt sich schon aus einiger Entfernung an. *Auf halbem Weg zwischen Roseau und Laudat*

TRAFALGAR FALLS (146 B5) (*🕮 F5*)
Die beiden 60 m tief stürzenden Wasserfälle sind ein imponierender Anblick, besonders, weil man sie von einer Besucherplattform aus gleichzeitig sehen kann. Der kurze Aufstieg ist landschaftlich nicht so reizvoll, denn er führt am Gelände eines Wasserkraftwerks vorbei. *Aufstieg vom Papillote Wilderness Retreat*

ESSEN & TRINKEN

CORNER HOUSE (146 B5) (*🕮 F5*)
Neben dem alten Marktplatz in einem historischen Holz-/Steinhaus gibt es Salate und Sandwiches, freundliche Bedienung; auch Internetcafé mit wei-

chen Sesseln und Lesestoff. *So geschl. | King George V Street | Roseau | Tel. 767 4 49 90 00* | €

LA MAISON (146 B5) (*F5*)
Der französische Küchenchef legt Wert auf regionale Zutaten. Crayfish und Hummer sind göttlich zubereitet, der Lammsattel in Knoblauchsauce zergeht auf der Zunge ... *So geschl. | 4 Fort Lane | Roseau | Tel. 767 4 40 52 87* | €€–€€€

LA ROBE CRÉOLE (146 B5) (*F5*)
Hier ist nicht nur das Essen gut. Die Bedienung trägt das Nationalkostüm, das sonst nur an Feiertagen angezogen wird. Die farbig karierten Röcke trugen früher die Sklavinnen. *So geschl. | Victoria Street | Roseau | Tel. 767 4 48 28 96* | €€

STRÄNDE

Wenn Sie die silbergrauen Strände, wie man sie z. B. in der Gegend um *Picard* (146 A2) (*F4*) an der Westküste südlich der Prince Rupert Bay findet, nicht zum Baden animieren, dann sollten Sie es mit einem der Flüsse versuchen, an denen sich immer Stellen finden, die tief genug zum Schwimmen sind.

ÜBERNACHTEN

PAPILLOTE WILDERNESS RETREAT (146 C5) (*F5*)
Das Papillote INSIDER TIPP bezaubert vor allem durch seine Gärten: tropische Pflanzen, betörende Düfte, berauschende Farben, exotische Früchte und Kräutergärten. *7 Zi. | P.O.B. 22 | Roseau | Tel. 767 4 48 22 87 | www.papillote.dm* | €€

ZANDOLI INN (146 C6) (*F5*)
Das Kleinod thront auf einem Kliff, 25 m hoch über dem Atlantik. Umgeben von tropischen Gärten und dicht bewachsenen Hügeln kann man es sich hier an dem herrlichen, von Orchideen gerahmten Pool gutgehen lassen. Zu dem erhabenen Blick aufs Meer schmeckt der frische Fisch, gegrilltes Biohähnchen und das selbst angebaute Gemüse besonders gut. *5 Zi. | Roche Cassée | Stowe | Tel. 767 4 46 31 61 | www.zandoli.com* | €€

AUSKUNFT

DOMINICA TOURIST BOARD
P.O. Box 293 | Valley Road | Roseau | Tel. 767 4 48 20 45 | www.dominica.dm

GRENADA

(154–155 A–D) (*E–F8*) **Die Insel (100 000 Ew.) ist wegen ihrer abwechslungsreichen Landschaft und Vegetati-**

LOW BUDG€T

- Eine preiswerte Pension auf St. Lucia ist das *Bay Guesthouse*. Es liegt direkt am Strand und bietet vier geräumige Zimmer und Panoramablick aufs Meer. *Doppelzimmer 35–45 US$ | Bay St. Gros Islet | Tel. 758 4 50 89 56 | www.bay-guesthouse.com*

- Das Postschiff von St. Vincent, die „MV Barracuda", befördert auch Passagiere für wenig Geld. Mo und Do kann man von Kingstown aus um 10.30 Uhr auf andere Inseln (z. B. Bequia, Canouan, Mayreau, Union Island) der Grenadinen schippern, Di und Fr geht's um 6.30 Uhr von Union Island zurück nach St. Vincent. *Preise 15–30 EC$ | Tel. 784 4 56 50 37*

on ein karibisches Idyll der besonderen Art. Ihr Vulkan, Mount Qua Qua, ist für viele ihrer natürlichen Attraktionen verantwortlich: Regenwald, Kratersee und Wasserfälle sind Teil des großen Nationalparks.

Die Küste der 311 km² großen Insel wird von Sandstränden, Mangrovenhainen und Steilhängen gesäumt – hier und da unterbrochen von den bunten Holzhäuschen eines verschlafenen Fischerdorfs. Kaffeeplantagen, Mangowälder und Bambushaine ziehen sich die niedrigen Hügel hinauf. Die ganze Insel duftet exotisch, denn Grenada ist die „Isle of Spice", die Insel der Gewürze, die hier neben Zuckerrohr, Kakao und Bananen angebaut werden: Muskat, Gewürznelken, Lorbeer, Ingwer, Zimt, Piment und Kurkuma werden von hier in die ganze Welt exportiert. Grenada beherrschte 1983 für kurze Zeit die Schlagzeilen, als eine Invasionstruppe der USA die Insel besetzte und die angeblich kommunistische Regierung stürzte. Begründet wurde dies zum einen mit der Behauptung, US-amerikanische Studenten auf der Insel seien bedroht, und zum anderen mit dem Bau eines Großflughafens mithilfe Kubas. Dies sahen die USA als Versuch Castros an, sich auf den Kleinen Antillen einen Luftwaffenstützpunkt zu schaffen. Nach der „Hilfsmission" wurde eine provisorische Regierung eingesetzt, die bald demokratische Wahlen durchführte. Heute hat sich Grenada von den Wirrnissen erholt. Der Tourismus, der seinerzeit stark zurückgegangen war, hat wieder zugenommen, gefördert durch den internationalen Flughafen südlich der Hauptstadt St. George's.

SEHENSWERTES

CONCORD FALLS ★ (154 B4) (*E8*)

Die beiden Wasserfälle in der Nähe des Dorfes Concord sind einen Besuch wert. Der Weg führt etwa 45 Minuten durch Muskatnussbaumwälder sanft nach oben. Er kreuzt ständig einen kleinen Bach, der den unteren Fall speist. Der Aufstieg selbst ist nicht sehr schwierig, nur die letzten Meter müssen Sie im Bachbett über große Felsbrocken hinaufgehen. Mitten im Regenwald stürzt der Wasserfall über eine Felskante 10 m in die Tiefe und wird in einem kleinen Bassin gestaut. *Auf der Küstenstraße von St. George's aus bis zum Dorf Concord; die Wasserfälle sind von dort ab ausgeschildert | Eintritt US $ 1*

GRAND ETANG (154 B4) (*E8*)

Im Zentralmassiv der Insel liegt der Kratersee Grand Etang auf ca. 530 m Höhe mitten im Regenwald. Der See ist heute Mittelpunkt des Nationalparks. Im Ausstellungszentrum oberhalb des Sees kann man sich über die Flora und Fauna informieren, bevor man den See umwandert. *Von St. George's aus auf der Hauptstraße Richtung Grenville, etwa auf der Mitte der Strecke, der See ist ausgeschildert | Besucherzentrum tgl. 8–16 Uhr | Eintritt US $ 2*

GRENADA NATIONAL MUSEUM (154 B5) (*E8*)

In dem Gebäude, das im Lauf der Zeit schon als Kaserne, Gefängnis, Hotel und Lagerhaus diente, kann man heute u. a. die großen Kupferkessel bewundern, in denen der Zuckerrohrsaft eingekocht wurde. *Mo–Fr 9–16.30, Sa 10.30–13 Uhr | Eintritt US $ 5 | St. George's | Young/Monckton St*

GRENVILLE COOPERATIVE NUTMEG ASSOCIATION (154 C4) (*F8*)

Hier kann man alles über die Muskatnuss, das Exportgut Nr. 1 der Insel, und ihre Blüte *Mace* erfahren. Auf geführten Touren geht es zu den einzelnen Stationen der Verarbeitung. In drei Stockwerken werden die Nüsse getrennt, getrocknet, bearbeitet und verpackt, bis sie schließlich weltweit verschifft werden. *Mo–Fr 10–13 und 14–16 Uhr | Eintritt US $ 1 | Grenville | St. Andrew*

ST. GEORGE'S ★ (154 A–B5) (*E8*)

KARTE IM HINTEREN UMSCHLAG Grenadas Hauptstadt – so wird behauptet – sei die schönste Stadt aller Karibischen Inseln. Und das stimmt tatsächlich! Um eine Landzunge und

Auf der einen Seite die Hafenbucht, auf der anderen das offene Meer: St. George's

RIVER ANTOINE RUM DISTILLERY
(154 C2) (*F8*)
Seit 1785 hat sich an der Herstellungsmethode des hochprozentigen Grenada-Rums so gut wie nichts geändert. Noch heute treibt der Fluss Antoine das Wasserrad für die Zuckerrohrpresse an. Als Kostprobe zum Schluss sollte man lieber den verdünnten Rumpunsch versuchen – das 75-prozentige Original ist nur etwas für ganz Hartgesottene und so leicht entzündlich, dass man es z.B. im Flugzeug gar nicht mitführen darf. *Tgl. 9–16 Uhr | Eintritt US $ 2 | River Antoine Estate | St. Patrick's*

die natürliche, ● *Carenage* genannte Hafenbucht herum gelegen, ziehen sich die Häuser der Stadt (ca. 8000 Ew.) im Halbkreis die Hügel hinauf. Unten im Hafen sieht man häufig die weißen Kreuzfahrtschiffe liegen. Doch lebhaft geht es in St. George's immer zu. An der Wharf Road werden die kleinen Frachtschiffe be- und entladen, die zwischen den Inseln verkehren. Jenseits des Hügels liegt an der Granby Street der INSIDER TIPP Marktplatz, auf dem man sich vor allem samstags mit exotischen Gewürzen und Früchten eindecken kann. Und an der dem offenen Meer zugewandten *Esplanade* herrschen Geschäftigkeit und Trubel.

ESSEN & TRINKEN

AQUARIUM (154 A6) *(E8)*
Lobster, Steaks, Sandwiches. Büfetts und Grill-Specials; jeden 1. Samstag im Monat gibt's Livemusik. *Mo geschl. | Point Salines Beach | Tel. 473 4 44 14 10* | €–€€

Reger Betrieb herrscht auf dem Markt in St. George's auf Grenada

LA BELLE CRÉOLE (154 A5) *(E8)*
Der schöne Blick über die Grand Anse Bay alleine lohnt den Besuch. Darüber hinaus ist die gute Küche mit kreolischem Einschlag über jeden Zweifel erhaben. *Tgl. | Blue Horizons | Morne Rouge | St. George's | Tel. 473 4 44 43 16* | €€€

DODGY DOCK RESTAURANT & LOUNGE BAR (154 A6) *(E8)*
Am Wasser mit Blick auf die Bay; karibisch-mexikanische Spezialitäten wie Lobster mit Ingwer-Kokos-Soße oder *fajitas*. *Tgl. | South Coast Bay | Tel. 473 4 43 87 83* | €€€

PATRICK'S LOCAL HOMESTYLE COOKING (154 B5) *(E8)*
Hausmannskost auf Karibisch: Meeresfrüchte, Calalou, Saltfish und Süßkartoffeln. *Tgl. | True Blue Bay | Lagoon Road | St. George's | Tel. 473 4 40 03 64* | €

EINKAUFEN

INSIDER TIPP **MARKT IN ST. GEORGE'S**
(154 B5) *(E8)*
Der Markt ist an sechs Tagen der Woche Ein- und Verkaufsplatz sowie Treffpunkt für die Bewohner der Hauptstadt und des Umlands. Und er hat Tradition, so wurden hier z. B. zu Zeiten der Franzosen Hinrichtungen ausgeführt. Heute dient er als Versammlungs- oder Festplatz. *Granby Street*

STRÄNDE

Gute Badestrände finden Sie eigentlich überall. An der Ostküste sollten Sie sich zuvor über die Strömungsverhältnisse informieren. Am populärsten ist *Grand Anse* (154 A5) (*🗺 E8*) südlich von St. George's.

AM ABEND

FANTAZIA 2001 (154 A5) (*🗺 E8*)
Am Wochenende ist der Teufel los! Reggae, Calypso, Funk, Rap. Häufig Livebands. *Fr/Sa ab 23 Uhr | Eintritt EC $ 20 | Gem Holiday Beach Resort | Morne Rouge Bay | Tel. 473 4 44 22 88*

ÜBERNACHTEN

BEL AIR PLANTATION (154 C5) (*🗺 F8*)
11 Villen und Cottages ziehen sich vom begrünten Hügel bis ans Meer: kolonialer Charme mit Komfort. *St. David's Point | Tel. 473 4 44 63 05 | www.belairplantation.com* | €€€

BLUE HORIZONS GARDEN RESORT
(154 A5) (*🗺 E8*)
Villen (mit Kochnische und Veranda) in Palmengarten am Strand. Pool, Res-taurant mit westindischer Küche. ● Kinder unter 12 Jahren sind hier kostenlose Gäste. *32 Suiten | Grand Anse | St. George's | Tel. 473 4 44 43 16 | www.grenadabluehorizons.com* | €€–€€€

CABIER OCEAN LODGE
(154 C4) (*🗺 F8*)
Etwas abgeschieden und ruhig liegt die kleine Pension direkt am Meer. Alle Zimmer haben Blick auf die Bucht oder den Palmenstrand. Zum Landesinneren erheben sich sanfte Hügel, die in einen tropischen Regenwald übergehen. Wirt Bruno legt Wert auf kreolische Gaumenfreuden! *14 Zi. | Crochu | St. Andrews | Tel. 473 4 44 60 13 | www.cabier-vision.com* | €€

THE FLAMBOYANT HOTEL
(154 A5) (*🗺 E8*)
Am südlichen Ende des Grand Anse Beach liegen am Hang diese Gästehäuser (auch Doppelapartments mit 2 Schlafzimmern). Vom Balkon toller Blick auf St. George's. *68 Zi. | Grand Anse | St. George's | Tel. 473 4 44 42 47 | www.flamboyant.com* | €€

GRAND VIEW INN
(154 A5) (*🗺 E8*)
Mittelgroßes, familienbetriebenes Hotel mit einem Superblick auf St. George's, die Grand Anse und den Morne Rouge. *76 Zi. | Grand Anse Beach | Tel. 473 4 44 49 84 | www.grenadagrandview.com* | €–€€

MINI-MOKES

Zu den auffälligsten Fortbewegungsmitteln auf den englischen Kleinen Antillen gehören diese kleinen Flitzer: jeepähnliche Viersitzer auf Austin-Mini-Basis, die den geländegängigen Eindruck, den sie erwecken, bei weitem nicht halten. Mit offenem Verdeck bieten sie aber auf halbwegs befahrbaren Straßen ein echtes Fahrvergnügen. Außerdem wissen die Einheimischen immer, dass die Fahrer Touristen sind und können sich so rechtzeitig in Sicherheit bringen.

AUSKUNFT

GRENADA BOARD OF TOURISM
Burn's Point | St. George's | Tel. 473 4402001 | gbt@caribsurf.com | www.grenada.org

Das wurde aber auch Zeit: Bootsreparatur auf Carriacou

INSEL IN DER UMGEBUNG

CARRIACOU (155 E–F2) (*🕮 F8*)
Sie ist mit einer Fläche von 34 km² die größte Insel der Grenadinenkette, die sich zwischen Grenada und St. Vincent erstreckt (ca. 6000 Ew.). Nicht nur die Grenadinen selbst, auch Carriacou ist politisch geteilt. Der Breitengrad, auf dem die Trennungslinie zwischen den grenadischen Grenadinen und den zu St. Vincent gehörenden verläuft, streift die Nordspitze Carriacous. Ein Ausflug von Grenada aus ist per Flugzeug oder Linienboot möglich. *Informationen: www.ospreylines.com*

Neben der Inselhauptstadt Hillsborough lohnt ein Besuch in Windward, wo die Nachfahren schottischer Bootsbauer noch heute ihrem Handwerk nachgehen; Namen wie MacFarlane und MacDonald zeugen von ihrer transatlantischen Abstammung. Sie haben großes Glück, wenn Sie anlässlich einer Bootstaufe oder einer Hochzeit ein sogenanntes INSIDER TIPP *Big Drum* miterleben können. Diese traditionelle Zeremonie mit virtuoser Trommelmusik und wilden Tänzen beweist, dass in den Adern der heutigen Inselbewohner auch afrikanisches Blut fließt.

ST. LUCIA

(147) (*🕮 F6*) **St. Lucia trägt eins der Wahrzeichen der Kleinen Antillen: den Doppelkegel der spitzen Pitonberge. Er**

ziert nicht nur zahlreiche Postkarten, sondern auch die Titel einiger Bücher über diese Region.

Die Insel (ca. 173 000 Ew.) ist typisch für die Windward Islands: ausgedehnte Sandstrände und vorgelagerte Korallenbänke, tropischer Regenwald, ein Vulkan und Schwefelquellen sowie Waldreservate zum Schutz der einheimischen Papageienart Jacquot und anderer seltener, zum Teil endemischer Vogelarten.

Das Freizeitangebot auf der Insel ist unerschöpflich: von geführten oder ungeführten Wanderungen durch den Tropenwald über alle Wassersportarten, Wal- und Schildkrötenbeobachtung, Golf und Wellness bis hin zu Feinschmeckerlokalen, Diskotheken, Theater und Jazz. Die Sprache der Lucies (sprich: Luuschies), wie sich die Einheimischen selbst bezeichnen, ist Kwéyòl, eine Art Patois, zusammengesetzt aus Englisch und Französisch, aber mit eigener Grammatik und Syntax, das selbst für die Westinder anderer Inseln absolut nicht zu verstehen und auf die französisch-englische Geschichte der Insel zurückzuführen ist.

SEHENSWERTES

CASTRIES (147 E2–3) (*F6*)

KARTE IM HINTEREN UMSCHLAG

Die Hauptstadt St. Lucias (ca. 67 000 Ew.) wurde 1948 bei einem Großbrand fast vollkommen zerstört. Gebäude aus der Zeit vor dem Brand findet man deshalb kaum. Lohnend ist ein Besuch der Kathedrale am Columbus Square, die äußerlich zwar eher unansehnlich ist, im Innern aber mit farbenfrohen Dorfszenen an Wänden und Decken besticht. Falls Sie an einem Samstagvormittag in der Stadt unterwegs sind, sollten Sie auch auf den Wochenmarkt gehen, der *Jeremie* Ecke *Peynier Street* abgehalten wird.

MARIGOT BAY (147 D–E3) (*F6*)

Der vielleicht schönste Naturstrand und Yachthafen der Antillen. Hier wurden Ende der 1960er-Jahre Teile des Originalfilms „Dr. Doolittle" gedreht. *Discovery at Marigot Bay,* ein Luxusresort, und das *Marina Village* mit Restaurants, Bars, Läden und Boutiquen machen aus der Lagune eine lebhafte Attraktion. *An der Westküste südlich von Castries*

PITONS ★ (147 D5) (*F6*)

Das Wahrzeichen der Insel liegt an der Südwestküste, südlich der Stadt Soufrière. Hier erheben sich direkt am Meer der *Gros Piton* und der *Petit Piton:* spitze Bergkegel vulkanischen Ursprungs, die eine Höhe von über 700 m erreichen. Geübte Bergwanderer können den Aufstieg wagen, sollten sich aber in Soufrière unbedingt einen Führer suchen. *Von Soufrière auf der Straße nach Süden Richtung Choiseul*

REGENWALD VON FOND ST. JACQUES (147 E4) (*F6*)

Um das Dorf Fond St. Jacques herum breitet sich ein noch relativ intaktes Regenwaldgebiet aus. Hier gibt es noch Exemplare des seltenen *St.-Lucia-Papageis (Amazona versicolor)*.

SULPHUR SPRINGS UND DIAMOND FALLS (147 D4) (*F6*)

Die Bewohner Soufrières lotsen Besucher, die mit dem Leihwagen auf der malerischen Küstenstraße von Castries ankommen, mit den Worten „See the Drive-In-Vulcano" in den Krater eines Vulkans, den man (nicht ganz) mit dem Auto befahren kann. Man muss sein Auto auf einem Parkplatz davor abstellen *(tgl. 9–17 Uhr | EC$ 5).* Neben den *Sulphur Springs,* die ihre Anwesenheit durch den Gestank von Schwefel ankündigen, lohnt ein Besuch der *Diamond Falls and Baths,* hier kann man sich von den Strapazen bei einem Bad erholen. *Geführte Touren tgl. 10–17 Uhr | Sulphur Springs oder Diamond Gardens je EC $ 10*

dieses Hotels aus. Die weite Anfahrt aus dem Norden der Insel lohnt sich auf jeden Fall. *Tgl. | Ladera Resort | Soufrière | Tel. 758 4 59 73 23 |* €€€

Sulphur Springs: Südöstlich von Soufrière treten heiße Dämpfe aus

ESSEN & TRINKEN

THE COAL POT (147 E2) *(F6)*
Restaurant mit französisch-kreolischer Küche. Offene Räume, karibisch-südamerikanische Kunst. *So geschl. | Vigie Marina | Castries | Tel. 758 4 52 55 66 |* €€€

DASHEENE RESTAURANT ★
(147 D4) *(F6)*
Auf der Terrasse des *Ladera Resorts* werden die köstlichsten kreolischen Spezialitäten serviert. Die freundliche Bedienung, der atemberaubende Blick auf die beiden Zuckerhüte der Pitons und die Lage mitten im tropischen Regenwald machen das unvergleichliche Ambiente

GREEN PARROT (147 E2) *(F6)*
Der Besitzer des *Green Parrot* ist ein karibisches Original. Nach einer Zeit als Entertainer arbeitete der auf St. Lucia geborene Harry als Koch in einem Luxushotel in London. Heute leitet er die Küche seines Restaurants und veranstaltet mittwoch- und samstagabends eine INSIDER TIPP kleine Show mit Musik, Feuerschluckern und Bauchtanz. *Tgl. | Morne Fortune | Tel. 758 4 52 33 99 |* €€

EINKAUFEN

POINTE SERAPHINE (147 E2) *(F6)*
Am Nordrand des Hafens von Castries liegt ein Duty-free-Shopping-Center, in

dem die Passagiere der Kreuzfahrtschiffe einkaufen. *Mo–Fr 8–17, Sa 8–14 Uhr*

AM ABEND

In *Gros Islet* (147 E2) (*F6*) ist freitagabends *jump up* der Einheimischen. Dann wird auf den Straßen getanzt!

THE LIME (147 E2) (*F6*)
Bekanntester Musik- und Tanztreff der Insel (10 km nördl. von Castries). *Tgl. | Reduit Beach | Rodney Bay | Tel. 758 4 52 07 61*

ÜBERNACHTEN

ANSE CHASTANET ★
(147 D4) (*F6*)
Bezauberndes, ruhiges Hotel mit Gästevillen am Hügel und direkt am Strand, von denen aus man einen einzigartigen Blick hat. Phantastische Küche, eigene Tauchschule, viele andere Sportangebote. *49 Zi. | Soufrière | Tel. 758 4 59 70 00 | www.ansechastanet.com* | €€€

BAY GARDEN INN (147 E2) (*F6*)
Entspannte Stimmung in Rodney Bay. Die geräumigen Zimmer sind farbenfroh dekoriert. Restaurant, Bar, Strandshuttle. *33 Zi. | Rodney Bay | Tel. 758 4 22 82 00 | www.baygardeninn.com* | €–€€

FOX GROVE INN (147 F4) (*F6*)
Freundliches Gästehaus auf einem Hügel mit tollem Blick über Praslin Bay. Im Restaurant gute karibische Hausmannskost. *12 Zi. | Mon Repos | Tel. 758 4 55 38 00 | www.foxgroveinn.com* | €–€€

AUSKUNFT

ST. LUCIA TOURIST BOARD
P. O. Box 221 | Sureline Building | Vide Bouteille | Castries | Tel. 758 4 52 40 94 | www.stlucia.org

ST. VINCENT

(150) (*F7*) **St. Vincent und die südlicher liegenden Grenadinen gelten neben den Virgin Islands als schönstes ★ *Segelrevier* der Karibik. Die einzelnen Inselchen, die oft nur wenige Kilometer voneinander entfernt im türkisfarben leuchtenden, seichten Wasser liegen, lassen sich innerhalb weniger Tage bequem bereisen.**

St. Vincent (117 000 Ew.) ist eine Insel vulkanischen Ursprungs mit entsprechender Vegetation, Wasserfällen und Schwefelquellen. Auch hier haben sich im 17./18. Jh. die Briten mit den Franzosen um die Insel gestritten. Nach dem Krieg gegen die „Black Caribs", rebellische Nachkommen von Kariben und Sklaven, der 1779 ein blutiges Ende nahm, erlangten die Briten die Herrschaft über St. Vincent. Seit 1979 ist die Insel unabhängig; die englische Königin ist aber noch immer nominelles Staatsoberhaupt der repräsentativen Monarchie. Die Wirtschaft ist stark von der Landwirtschaft abhängig. Mit Dominica, Grenada und St. Lucia gehört die Insel zu den größten Bananenlieferanten des Vereinigten Königreichs.

SEHENSWERTES

BOTANIC GARDENS ★
(150 B4) (*F7*)
Der botanische Garten in Kingstown, der 1765 gegründet wurde, ist der älteste der westlichen Hemisphäre. Sie sollten sich für ca. *US $ 3* einen Führer mit auf den Rundgang nehmen. *Tgl. 6–18 Uhr | Eintritt US $ 3 | Leeward Highway*

INSIDER TIPP **FALLS OF BALEINE**
(150 B1) (*F7*)
Der Wasserfall im Nordwesten ist zu Fuß nur schwer zu erreichen. Schließen Sie

sich einer Bootstour an, die verschiedene Veranstalter anbieten. Im Preis sind ein Picknick und eine Schnorchelpause enthalten. *Bootstour: US $ 70–80 pro Person*

FORT CHARLOTTE (150 A4) (*F7*)
Die Befestigungsanlage erhebt sich 200 m über dem Nordende der Bucht von Kingstown. 1806 wurde sie errichtet und diente der Verteidigung gegen Angriffe von See sowie der „Black Caribs" – viele der Kanonen zeigen noch landeinwärts. Die Geschichte der „Black Caribs" wird in den Gemächern der Festung dargestellt. *Tgl. geöffnet | Eintritt frei*

MONTREAL GARDEN (150 B4) (*F7*)
Der walisische Landschaftsgärtner Timothy Vaughn hat das einst heruntergekommene Stück Land in einen umwerfenden Garten mit tropischen Pflanzen und Vögeln verwandelt. Riesige Farnstauden bilden entlang der Wege einen schattenspendenden Baldachin. Im Hintergrund erhebt sich Grand Bon Homme, der 970 m hohe Berg der Insel. *Dez.–Aug. tgl. 9–16 Uhr | Eintritt US $ 3 | Montreal St. | Mesopotamia*

WALLIBOU BAY (150 A–B2) (*F7*)
Hier wurde ein großer Teil des Films „Der Fluch der Karibik I" gedreht. Die Bay ist damit echte Attraktion, denn viele der Original-Requisiten sind noch erhalten und im Restaurant des Hotels *Wallibou Anchorage* zu besichtigen. *An der Westküste nördlich von Barrouallie*

ESSEN & TRINKEN

THE FRENCH VERANDAH (150 B5) (*F7*)
Französisch-kreolische Küche. Candle-Light-Dinner auf der Terrasse am Meer. *Tgl. | Mariners Hotel | Villa Beach | Tel. 784 4 57 40 00* | €€

LIME N' PUB (150 B5) (*F7*)
In der klassischen Yachties-Bar gibt es gute, internationale Spezialitäten und kaltes Bier – allein 80 Bierposter hängen an den Wänden des Pubs. *Tgl. | Villa Beach | Tel. 784 4 58 42 27* | €€

AM ABEND

THE ATTIC SPORTS BAR (150 A4) (*F7*)
Jazzlokal über dem Kentucky-Fried-Chicken-Restaurant. *Mo–Sa ab 20 Uhr | Paul's Ave. | Kingstown | Tel. 784 4 57 25 58*

ÜBERNACHTEN

TRANQUILITY BEACH APARTMENT HOTEL (150 B5) (*F7*)
Einfaches, freundliches Haus an der Indian Bay. *12 Zi. | Tel. 784 4 58 40 21 | www.tranquilityhotel.com* | €

INSIDER TIPP **YOUNG ISLAND RESORT** (150 B5) (*F7*)
Kleine Insel mit erstklassiger Hotelanlage (Fähre von Villa aus). Vom Anleger geht's dann vorbei an einem Becken, in dem kleine Haie schwimmen, zur Rezeption. Oberhalb liegen die Bungalows. *30 Zi. | Young Island | Tel. 784 4 58 48 26 | www.youngisland.com* | €€€

AUSKUNFT

ST. VINCENT BOARD OF TOURISM
Upper Bay | Kingstown | Tel. 784 4 57 15 02 | www.svgtourism.com

INSELN IN DER UMGEBUNG

INSIDER TIPP **BEQUIA** (151 E–F2) (*F7*)
Das 15 km von St. Vincent entfernte Bequia (ca. 5000 Ew.) ist die nördlichste und größte der Grenadineninseln. Besonders Port Elizabeth ist ein beliebter

Anlaufpunkt für Segler auf dem Weg gen Süden. In Paget Farm gibt es noch einige ältere Männer, die von Februar bis Mai auf Walfang gehen – in kaum 10 m langen Holzbooten, die nur mit Rudern und Segelkraft angetrieben werden. Vielleicht hat Greenpeace auch deshalb bis jetzt keine Einwände erhoben. Am schönsten wohnen Sie auf Bequia im *Frangipani Hotel (15 Zi. | Tel. 784 4 58 32 55 | www.frangipanibequia.com | €€)*.

INSIDER TIPP MAYREAU
(151 D5) *(🗺 F7–8)*
Segler gehen vor diesem Privatinselchen (ca. 60 km entfernt) vor allem deshalb gern vor Anker, weil das Essen im Strandhotel sehr gut ist. *8 Zi. | Salt Whistle Bay Club | Tel. 787 4 58 84 44 | www.saltwhistlebay.com | €€€*

MUSTIQUE (151 F3) *(🗺 F7)*
Mustique (500 Ew., 30 km entfernt) gehört zu den exklusivsten Inseln der Kleinen Antillen. Hier haben u. a. David Bowie und Mick Jagger ihre „Ferienhäuschen". Falls Sie mehrere Tausend Dollar pro Woche bezahlen möchten, können Sie die Datschen auch mieten. Inseltreffpunkt ist *Basil's Bar;* die gute Chance, hier mal einen Promi zu entdecken, muss man mit überhöhten Preisen bezahlen *(tgl. | Britannia Bay | Tel. 784 4 88 83 50 | www.basilmustique.com | €€€)*.

TOBAGO CAYS ★ (151 E5) *(🗺 F8)*
Die kleine Gruppe von Inselchen ist ein bevorzugter Ankerplatz für die in den Grenadinen kreuzenden Yachten und für Tauchveranstalter, die von St. Vincent aus (ca. 55 km entfernt) hierher kommen. Die Eilande sind unbewohnt. Die Gewässer zwischen den Inseln sind ein ideales Tauch- und Schnorchelrevier.

UNION ISLAND (151 D5) *(🗺 F8)*
Union Island (2000 Ew.) ist die südlichste der zu St. Vincent (65 km entfernt) gehörenden Grenadinen. Vom kleinen Flughafen aus (bei Clifton) kommt man nach St. Vincent, aber auch nach Carriacou und Grenada.

Boote in der Admirality Bay von Bequia (Grenadinen)

FRANZÖS. ANTILLEN

Martinique, Guadeloupe und die kleineren zur Grande Nation gehörenden Inseln sind französischsprachige Enklaven in der sonst anglophonen Region der Kleinen Antillen. Nördlich und südlich, auch auf Dominica, das zwischen den beiden großen französischen Inseln liegt, ist Englisch die Amtssprache.

Hier, auf Dominica, finden sich höchstens im Patois, der kreolischen Mischsprache, noch französische Elemente. Erst im Westteil der weiter nordwestlich gelegenen Insel Hispaniola, in Haiti, wird wieder Französisch gesprochen.

Die Französischen Antillen sind weder selbstständige Staaten wie z.B. Grenada oder Barbados, noch gehören sie zu den letzten Kolonien, wie die British Virgin Islands oder Montserrat. Vielmehr sind sie sogenannte überseeische Départements Frankreichs. Ihre Einwohner besitzen die französische Staatsbürgerschaft, sind bei den Wahlen in Frankreich stimmberechtigt und unterliegen natürlich auch französischen Gesetzen. Der Euro ist die offizielle Währung, das Schulsystem ist ebenso französisch wie die ganze Lebensart. Diese Verbundenheit mit Frankreich hat Vorteile für die Inseln. Dank der finanziellen Unterstützung aus Paris ist die Wirtschaft einigermaßen gefestigt. Die medizinische Versorgung und die allgemeinen Sozialleistungen haben eher westeuropäisches als karibisches Niveau. Die Inseln sind deshalb trotz einiger Probleme wohlhabender und weniger vom Tourismus abhängig als viele ihrer Nachbarn.

Bild: Guadeloupe

Guadeloupe und die anderen französischen Inseln, zusammen ein Département der Grande Nation, haben viel vom Flair der Riviera

GUADELOUPE

(144–145) (🕮 F4) **Die Kariben haben mehr Phantasie bei der Namensgebung der Insel bewiesen als Kolumbus: Er nannte sie nach der „Heiligen Jungfrau von Guadeloupe" in Spanien, bei ihnen hieß sie Karukera: „Insel der schönen Gewässer".**

Die Form der Insel (ca. 405 000 Ew.) gleicht einem Schmetterling, die beiden Flügel sind lediglich durch einen schmalen Landstreifen miteinander verbunden. Der östliche, kleinere Flügel heißt *Grande-Terre,* ist ein relativ flaches Kalksteinplateau korallinen Ursprungs und wird landwirtschaftlich genutzt. Die westliche Hälfte heißt *Basse-Terre;* hier erheben sich Berge vulkanischen Ursprungs bis zu einer Höhe von fast 1500 m. Ein großer Teil des Landesinneren von Basse-Terre wird vom Nationalpark *Parc National de la Guadeloupe* eingenommen.

Zum Département Guadeloupe gehören außer den kleineren, vor der Küste lie-

Schoelcher-Büste vor dem Musée Schoelcher in Pointe-à-Pitre

genden Inseln auch das weiter entfernte St-Martin und St-Barthélemy. Guadeloupe ist immer die etwas ärmere Schwester der Nachbarinsel Martinique gewesen und wird auch heute noch als solche angesehen.

SEHENSWERTES

BASSE-TERRE (144 A5–6) (*🗺 F4*)
Die hübsche kleine Hafenstadt an der Südwestküste liegt am Fuß des Vulkans La Soufrière. Obwohl sie sehr viel kleiner (13 000 Ew.) ist als Pointe-à-Pitre, ist sie dennoch der Verwaltungssitz des gesamten Départements. An den schmalen Straßen und kleinen palmenbestandenen Plätzen liegen einige schöne Bauten französischer Kolonialarchitektur, und im Süden findet man die Ruinen des *Forts Louis Delgrès* aus dem 17. Jh. *(tgl. 9–16.30 Uhr | Eintritt frei)*.

CASCADE AUX ECREVISSES
(144 B4) (*🗺 F4*)
An der *La Traversée* genannten Straße, die Basse-Terre durchquert (auf Karten trägt sie die Bezeichnung D 23), liegt auf halber Strecke mitten im Parc National ein schöner, kleiner Wasserfall mit Picknickplätzen, den man auf einem markierten Pfad vom Parkplatz aus in ca. 5 Minuten zu Fuß erreicht.

MUSÉE SCHOELCHER (144 C4) (*🗺 F4*)
Das Museum in einem hübschen Kolonialbau mit schmiedeeisernen Fensterbalkonen ist dem Elsässer Victor Schoelcher gewidmet, der im 19. Jh. für ein Ende der Sklaverei auf den Französischen Antillen kämpfte. In seinem ehemaligen Wohnhaus sind Möbel, Interieur und Erinnerungsstücke zu sehen. *Mo–Fr 9–17 Uhr | Eintritt 3 Euro | 24 Rue Peynier | Pointe-à-Pitre*

PARC NATIONAL DE LA GUADELOUPE ★ (144 A–B 4–5) (*F4*)
Der Nationalpark nimmt einen großen Teil von Basse-Terre ein. Innerhalb seiner Grenzen finden Sie ausgedehnte Regenwälder, den Vulkan *La Soufrière*, mehrere Wasserfälle und ein Netz von Wanderwegen, mit denen den Besuchern die verschiedenen Sehenswürdigkeiten erschlossen werden. Beim Tourist Office gibt es eine Informationsbroschüre, die auch Auskunft über die Wege gibt.

POINTE-À-PITRE (144 C3–4) (*F4*)
Pointe-à-Pitre (28 000 Ew.) ist das wirtschaftliche Zentrum der Insel. Die Stadt ist nicht besonders attraktiv, bietet aber neben einigen guten Restaurants viele Einkaufsmöglichkeiten, die nicht anders sind als in den Metropolen Europas. Das Stadtzentrum liegt um die *Place de la Victoire*, einen schönen kleinen Park mit Schatten spendenden Bäumen am Wasser. Hier findet auch der Wochenmarkt statt, bei dem man spürt, dass man sich in der Karibik befindet und nicht in Frankreich.

SAINT-CLAUDE (144 A5) (*F4*)
Der nette Vorort von Basse-Terre liegt am Hang des Vulkans La Soufrière. Vom Picknickplatz im Ort haben Sie einen schönen Blick auf den Vulkan.

LA SOUFRIÈRE (144 B5) (*F4*)
Mit 1467 m ist der noch immer aktive Vulkan La Soufrière nicht nur der höchste Berg Guadeloupes, sondern der gesamten Kleinen Antillen. Der Aufstieg zum Krater lohnt, zumal man mit dem Auto bis auf 1100 m Höhe fahren kann – durch subtropischen Regenwald, der zum Erkunden animiert. Vom Parkplatz auf der *Savane à Mulets* folgt dann allerdings noch ein 300 m langer, recht schwieriger Aufstieg. Ein Teil des Weges führt durch feuchtkalte Nebelwolken, die leider am Krater oft die Sicht beeinträchtigen.

ESSEN & TRINKEN

IGUANE CAFÉ (145 E3) (*F4*)
Asiatisch, afrikanisch, indisch beeinflusste Küche, göttliche Desserts. Dank seines Beliebtheitsgrads kann es sehr voll werden, deshalb besser einen Tisch reservieren. *Di geschl. | Route de la Pointe des Châteaux | St-François | Tel. 590 88 61 37* | €€€

LA PASSION CRÉOLE ●
(144 A3) (*E–F4*)
In dem kleinen, blauen Holzhäuschen mit den roten Fensterläden wird die Speisekarte täglich gewechselt. Kreolische Currys, *blaff* und frische Langusten gehören neben den wunderbaren Rumcocktails, wie dem Ti-Punch, zur Spezialität des Hauses. *381 Allée du Cœur | Déshaies | Tel. 590 6 90 45 97 98* | €

MARCO POLO HIGHLIGHTS

★ **Parc National de la Guadeloupe**
Ein gut erschlossener Nationalpark → S. 59

★ **Mont Pelée**
Fast 1400 m hoch: Vulkan mit Aussicht auf Martinique und den Atlantik → S. 61

★ **St-Pierre**
Das untergegangene „Pompeji der Karibik“ liegt auf Martinique → S. 62

★ **Marigot**
Eine Stadt mit dem Flair der Französischen Riviera auf St-Martin → S. 66

EINKAUFEN

Die meisten Geschäfte liegen am Hafen von Pointe-à-Pitre (144 C4) (*🕮 F4*). Die besten „Schnäppchen" sind Kosmetik, Parfüm, Seidentücher, Kristall, Porzellan, Tabak und Spirituosen.

STRÄNDE

Von den vielen schönen Badestränden zwischen Le Gosier und St-François an der Südküste von Grande-Terre ist der von *Ste-Anne* (145 D4) (*🕮 F4*) vielleicht der schönste.

AM ABEND

CASINO DE GOSIER LES BAINS

(144 C4) (*🕮 F4*)

Kasino mit Niveau; es gibt keine billigen Daddelautomaten, und es wird auf korrekte Kleidung geachtet! *So geschl., ab 21 J. mit Ausweis | Gosier | Tel. 590 84 79 69 | Eintritt 10 Euro*

ÜBERNACHTEN

LE JARDIN TROPICAL

(144 A4) (*🕮 E–F4*)

Das Hotel liegt in den Hügeln über Bouillante. Sehr schöner Blick auf Ilet Pigeon, die „Taubeninsel". Sehr gute Tauch- und Schnorchelmöglichkeiten. *6 Zi. | Pigeon Bouillante | Tel. 590 98 77 23 | www.au-jardin-tropical.com | €*

SOFITEL AUBERGE DE LA VIEILLE TOUR

(144 C4) (*🕮 F4*)

Die alte Zuckermühle, die dem Hotel den Namen gibt, bietet ihren Gästen außerdem einen Souvenirshop, Restaurants, eine Bar, Tennisplätze, einen Pool und einen eigenen kleinen Strand. *143 Zi. | Gosier | Tel. 590 84 23 23 | www.mgallery.com | €€€*

AUSKUNFT

OFFICE DU TOURISME DE POINTE-À-PITRE (144 C4) (*🕮 F4*)

Square de la Banque | Place de la Victoire | Tel. 590 82 09 30 | www.go2guadeloupe.com

INSELN IN DER UMGEBUNG

ÎLES DES SAINTES

(145 D–E 5–6) (*🕮 F4*)

Die meisten der 3000 Einwohner von Terre-de-Bas und Terre-de-Haut, der beiden einzigen bewohnten der insgesamt acht bergigen Inseln von Les Saintes stammen von bretonischen Fischern ab. Vor der von Guadeloupe ca. 12 km entfernten Inselkette, deren höchste Erhebungen z.T. über 300 m hoch aus dem Meer ragen, fand 1782 eine Seeschlacht statt, in der der englische Admiral Rodney die Franzosen schlug, die versucht hatten Jamaika anzugreifen. Das *Museum im Fort Napoleon* schildert die Ereignisse aus französischer Sicht. Tagesausflüge von Guadeloupe. Unterkunft: INSIDER TIPP *Auberge les Petits Saints | 10 Zi. | La Savane | Terre-de-Haut | Tel. 590 99 50 99 | www.petitssaints.com | €€*

MARIE-GALANTE

(145 E–F 5–6) (*🕮 F4*)

Marie-Galante (13 460 Ew.) ist mit 155 km² die größte der kleinen Inseln, die vor Guadeloupe liegen (ca. 45 km entfernt). Die schönen Strände ziehen vor allem die Einheimischen von Guadeloupe an, Fernreisende trifft man hier eher selten. Auf der Insel wurde früher Zucker angebaut, und noch heute sieht man vereinzelt Ruinen alter Zuckermühlen und einige alte Plantagenhäuser. Unterkunft: *Le Touloulou (4 Bungalows | Petit Anse | Capesterre | Tel. 590 97 32 63 | www.letouloulou.com | €).*

MARTINIQUE

(148–149) (F5–6) **Auf Martinique soll es die schönsten Mädchen der ganzen Karibik geben – und schön sind sie in der Tat, aber man tut den Frauen der anderen Inseln mit diesem Urteil sicher unrecht …**

Die Insel (ca. 400 000 Ew.) teilt mit vielen anderen in der Region eine unruhige Geschichte. Sie wechselte mehrmals zwischen Großbritannien und Frankreich. 1762 besetzten die Engländer Martinique, um die Insel später im Tausch gegen Kanada, Senegal, St. Vincent und Tobago an Frankreich zurückzugeben. Dieser in der Rückschau reichlich verwegen erscheinende Tausch war damals aus französischer Sicht durchaus sinnvoll, da Martinique und Guadeloupe wichtige Zuckerproduzenten waren. Noch heute ist Martinique eine landwirtschaftlich intensiv genutzte Insel, zu deren Exportgütern neben Zucker und Rum auch Bananen und Ananas gehören.

SEHENSWERTES

FORT-DE-FRANCE (148 C4) (F5)

Zur Hauptstadt wurde der Ort erst 1902, nachdem St-Pierre bei einem Vulkanausbruch untergegangen war. Heute ist Fort-de-France eine florierende Metropole (ca. 100 000 Ew.), die französisches Flair versprüht. Sehenswert sind das Fort St-Louis, das auch heute noch militärisch genutzt wird und deshalb nur eingeschränkt zugänglich ist, und das *La Savane* genannte schöne Parkgelände an der Baie des Flamands. Hier stehen die Statuen der Kaiserin Joséphine (die erste Frau Napoleons wurde 1763 auf Martinique geboren) und des Anführers der ersten französischen Siedler auf der Insel, Pierre Belain d'Esnambuc.

MONT PELÉE ★ (148 B2) (F5)

Sie können den 1397 m hohen, imposanten Mont Pelée im Norden der Insel mit dem Auto erreichen. Auf halber Strecke den Vulkan hinauf befindet sich ein Parkplatz mit einer Aussichtsplattform, von der aus Sie einen schönen Blick auf den Atlantik haben. Wer möchte und fit genug ist, kann von hier aus bis zum Krater hinaufsteigen.

Die Kirche Saint-Louis in Fort-de-France

MUSÉE DÉPARTEMENTAL DE LA MARTINIQUE (148 C4) (F5)

Im Museum sind Ausstellungen zur indianischen Vergangenheit Martiniques und zur Geschichte der Sklaverei zu sehen. *Mo 13–17, Di–Fr 8–17, Sa 9–12 Uhr | Eintritt 3 Euro | 9 Rue de la Liberté | Fort-de-France*

INSIDER TIPP MUSÉE DU RHUM SAINT-JAMES (149 D2) (F5)

Das Museum ist in einem schönen Gebäude aus der Kolonialzeit untergebracht. Zur Besichtigung gehören auch ein Rundgang durch die heutige Bren-

Einst Hauptstadt, nach dem Vulkanausbruch nur noch ein Dorf: St. Pierre

nerei und eine Rum-Verkostung. *Mo–Fr 9–17, Sa/So 9–13 Uhr | Eintritt frei | Saint James Distillery | Sainte-Marie*

ROCHER DU DIAMANT
(148 C6) (*🕮 F6*)

Den Franzosen war das winzigee Felseneiland vor der Südküste Martiniques Anfang des 19. Jhs. 18 Monate lang ein Dorn im Auge. Eine kleine Besatzung britischer Soldaten und Seeleute war nämlich auf diesem unsinkbaren Schlachtschiff stationiert und bombardierte vorbeifahrende französische Schiffe. Die Engländer tauften ihr Felsenschiff „His Majestic Ship Diamond Rock", und noch heute salutieren vorbeifahrende britische Schiffe.

ST-PIERRE ★ (148 B2) (*🕮 F5*)

Das Unheil brach am 8. Mai 1902 über die Stadt herein. Die Bewohner von St-Pierre hatten das warnende Grummeln des Mont Pelée in den vergangenen Tagen einfach ignoriert, ebenso die Flucht aller Tiere. Und plötzlich verwandelte der Vulkan die Hauptstadt Martiniques mit einem glühenden Ascheregen innerhalb von drei Minuten in ein karibisches Pompeji. Von den Einwohnern soll nur einer den Ausbruch überlebt haben – eingeschlossen in einer Zelle wegen Trunkenheit. Das kleine Dorf, das heute den Namen St-Pierre trägt, steht an der Stelle der untergegangenen Stadt. Einzelne Gebäudereste können besichtigt werden, u.a. die lebensrettende Gefängniszelle. Das Museum informiert über den Hergang der Katastrophe. *Tgl. 9–17 Uhr | Eintritt 5 Euro*

ESSEN & TRINKEN

LA BELLE ÉPOQUE (148 C4) (*🕮 F5*)

Das Kolonialgebäude aus dem 19. Jh. liegt in einem erhöhten Vorort von Fort-de-France. Kreolische Antiquitäten zieren den Speiseraum, auf der Karte finden sich französische Köstlichkeiten wie Crevetten-Cocktail, Kürbisflan oder Foie Gras. Der Service kann perfekter

nicht sein! *Tgl. | 97 Route de Didier | Fort-de-France | Tel. 596 64 41 19 | €€–€€€*

CHEZ TANTE ARLETTE (148 B1) (*F5*)
Hier wird tolles kreolisches Essen serviert, zum Abschluss gibt es selbst gemachten Likör. *Tgl. | Rue de Lucy de Fossarieu | Grand' Rivière | Tel. 596 55 75 75 | €€*

EINKAUFEN

Fort-de-France (148 C4) (*F5*) gilt als das „Paris der Karibik". Hier finden Sie sowohl internationale Designernamen als auch einheimische Avantgarde. Die exklusivsten Geschäfte liegen in den Straßen *Rue Victor Hugo, Antoine Siger, Lamartine* und *Moreau de Jones*.

STRÄNDE

Schöne Strände: *Le Diamant* mit Blick auf den vorgelagerten *Rocher du Diamant* (148 C5) (*F6*) und *Les Salines* (149 E6) (*F6*) am Südzipfel.

AM ABEND

CASINO TROIS-ILETS (148 C4) (*F5*)
Sie können Roulette und Black Jack spielen oder an Slot Machines Ihr Glück versuchen. *24, rue Bougainvilliers | Trois Ilets | Tel. 596 66 00 30*

COCONUTS CLUB (149 D5) (*F5*)
Hier herrscht die ultimative Partystimmung. *Mo–Sa ab 21 Uhr | Quartier Laugier | Rivière-Salée | Tel. 596 68 20 49*

ÜBERNACHTEN

DIAMANT LES BAINS
(148 C5) (*F6*)
Das familiengeführte Hotel steht im Zentrum des Ortes Le Diamant. Zum Hotel gehören auch einige Bungalows. *27 Zi. | Le Diamant | Tel. 596 76 40 14 | €€*

DOMAINE ST-AUBIN (149 D2) (*F5*)
Das viktorianische Herrenhaus thront auf einem von Zuckerrohrfeldern umgebenen Hügel. Die 28 Zimmer sind modern ausgestattet, aber mit Möbeln aus dem 19. Jh. eingerichtet. *Trinité | Tel. 596 69 34 77 | www.ledomainesaintaubin.com | €€–€€€*

AUSKUNFT

COMITÉ MARTINIQUAIS DU TOURISME (148 C4) (*F5*)
Immeuble Le Beaupré-Pointe de Jaham | Rue Schoelcher | Tel. 596 61 61 77 | www.martiniquetourisme.com

ST-BARTHÉLEMY

(145 F1–2) (*D2*) **Obwohl St-Barts oder St-Barth, wie die Insel in Kurz-**

St-Barthélemy: Die Abendsonne beleuchtet die Schiffe im Hafen von Gustavia

fassung auch genannt wird, mehr als 230 km nördlich von Guadeloupe liegt, gehört sie noch zum Département Guadeloupe.

Auf der wenig mehr als 20 km² großen Insel leben 8000 Einwohner, meist normannischer oder bretonischer Abstammung. Auch diese Insel wechselte zigmal den Besitzer: Im 18. Jh. gehörte sie zu Frankreich, dann rissen sich Schweden und die Malteserritter St-Barthélemy unter den Nagel; 1878 fiel sie an Frankreich zurück. Heute lebt die Insel hauptsächlich vom Tourismus. Der Jetset der Welt aus Politik und Wirtschaft, aus der Film- und Musikbranche trifft sich hier traditionell gern zu einer einzigen großen Party. Die Kennedys und die Rockefellers besaßen hier einst Anwesen. Dementsprechend hoch ist das Preisniveau.

SEHENSWERTES

COROSSOL (145 F1) (*D2*)

In dem Fischerdorf wird's abends interessant, wenn die Boote vom Meer zurückkommen. Manche Frauen tragen sonntags zum Kirchgang noch ihre traditionelle normannische Tracht. Sie verkaufen Flechtwerk und andere Handarbeiten. *2 km nordwestlich von Gustavia*

GUSTAVIA (145 F2) (*D2*)

Dem Hauptort der Insel, der idyllisch an einem geschützten Naturhafen liegt, merkt man trotz des Feuers, das hier 1852 wütete, in der Architektur den schwedischen Einfluss noch immer an. Er wurde nach König Gustav III. Adolf benannt. Aus dieser Zeit stammt auch der Status der Insel als Freihafen.

INTER OCEANS MUSEUM
(145 F1) *(🗺 D2)*
Das kleine Museum beherbergt eine tolle Muschelsammlung mit wunderschönen Exemplaren nicht nur aus der Karibik, sondern aus der ganzen Welt. *Di–So 9–12 und 14–17 Uhr | Eintritt 3 Euro | Corossol*

SAINT-JEAN (145 F1) *(🗺 D2)*
Die Bucht und der gleichnamige kleine Ort, in dessen Nähe auch der Flughafen liegt, ist eines der Haupturlaubsgebiete der Insel. Hier gibt es viele Hotelkomplexe und ein großes Einkaufszentrum.

ESSEN & TRINKEN

EDDY'S RESTAURANT (145 F2) *(🗺 D2)*
Hier nehmen Sie Ihr Dinner in einem offenen, tropischen Garten. Ortstypische kreolische Küche mit Tagesempfehlungen. *So und mittags geschl. | Gustavia | Tel. 590 27 54 17 |* €€€

MAYA'S (145 F2) *(🗺 D2)*
Liegt direkt am Wasser des „öffentlichen Strandes". Bevor Sie sich in aller Ruhe dem guten Essen widmen, sollten Sie hier den phantastischen Sonnenuntergang mit einem Cocktail genießen. *So geschl. | Anse de Public | Tel. 590 27 75 73 |* €€

EINKAUFEN

Der Freihafenstatus aus schwedischer Zeit wurde nicht aufgegeben: Zollfreie Waren wie Schmuck, Kosmetik, Parfum, Porzellan, Spirituosen und Tabak sind besonders günstig, aufgrund des allgemein hohen Preisniveaus aber auch nicht wirklich billig. Das *Commercial Center* in

BÜCHER & FILME

▶ **Emily und Cambridge** – Caryl Phillips lässt in ihrem Roman (1991) die Tochter eines englischen Plantagenbesitzers mit einem schwarzen Sklaven zusammentreffen und beschreibt so die Konflikte zweier unterschiedlicher Gesellschaftsschichten und Kulturen zur britischen Kolonialzeit

▶ **Sargassomeer** – Jean Rhys schildert in düsteren, dekadenten Bildern die Geschichte der Halbkreolin Antoinette im kolonialen Westindien (1966)

▶ **Nur eine kleine Insel** – Jamaica Kincaids Roman (1988) spielt auf Antigua und wirft einen literarisch-kritischen Blick auf Geschichte und Gegenwart der Kleinen Antillen

▶ **Erzählungen von den Inseln** – Sozialkritische Gedichte (1993) des auf St. Lucia geborenen Nobelpreisträgers Derek Walcott

▶ **Nie endet der Karneval** – In Herman Wouks Roman (1966) träumt ein erfolgreicher Geschäftsmann vom Paradies, kämpft aber schließlich gegen karibische Naturereignisse und kulturelle Schranken

▶ **Island in the Sun** – Atmosphärischer Spielfilm (1957) mit James Mason und Harry Belafonte in den Hauptrollen

▶ **Fluch der Karibik, Teil 3** – Der Hollywood-Blockbuster wurde hauptsächlich auf Dominica gedreht (2007)

St-Jean und die Hauptstadt *Gustavia* laden zum Einkauf.

STRÄNDE

Neben der INSIDER TIPP *Anse de Grande Saline* (145 F2) (*D2*) an der Nordküste, an der Ihnen auch schon mal der Modeschöpfer Giorgio Armani höchstpersönlich im Herrensarong begegnen kann, ist auch *Lorient* (145 F1) (*D2*) an der Südküste zu empfehlen: Dieser Spot ist wegen der schönen Wellen auch ideal zum Surfen. Insgesamt hat die Insel über 20 feinsandige Buchten zu bieten.

LOW BUDG€T

▶ Ein freundliches, günstiges (ab 25 Euro) Haus auf Guadeloupe ist das *Relais d'Orléans* mit kleinen Zimmern und einfachem Restaurant. *12 Zi. | Rue Lardenoy | Basse-Terre | Tel. 590 81 16 38*

▶ Am Strand von Ste-Anne auf Guadeloupe gibt es viele kleine Strandrestaurants oder Grills, in denen man günstig essen kann, z. B. *Kouleur Kreole* (Salate, Meeresfrüchte).

▶ Auf Martinique bietet die französische Kette *Délifrance* zum Frühstück und mittags preiswerte Baguettes und Sandwiches, z. B. in der Rue de la Liberté *(Fort-de-France)*.

▶ Reisende, die im Kaufhaus *Galeries Lafayette* auf Martinique mit Kreditkarte oder Travellercheques bezahlen, bekommen auf die Waren einen Nachlass von 20 Prozent. *Rue Schoelcher | Fort-de-France*

ÜBERNACHTEN

LE GUANAHANI (145 F1) (*D2*)
Schön gelegene Bungalows mit Blick aufs Meer. Sonnenhungrige können zwischen zwei hoteleigenen Stränden wählen. Die Kolonialarchitektur verbindet kräftige Farben mit hochwertigen Materialien. *69 Zi. | Grand Cul de Sac | Tel. 590 27 66 60 | www.leguanahani.com* | €€€

INSIDER TIPP **LE NORMANDIE**
(145 F2) (*D2*)
Das einzige erschwingliche Hotel auf der Insel. Entspannte Club-Atmosphäre. *8 Zi. | Quartier Lorient | Tel. 590 27 61 66 | www.normandiehotelstbarts.com* | €€

AUSKUNFT

OFFICE MUNICIPAL DU TOURISME
(145 F2) (*D2*)
Quai du Général de Gaulle | Gustavia | Mo–Fr | Tel. 590 27 87 27 | www.st-barths.com

ST-MARTIN

(139) (*D2*) **Es gibt einen holländischen – Sint Maarten *(s. S. 87)* – und einen französischen Teil: St-Martin.**
Von der Staatsgrenze merkt man auf der Insel wenig, und wenn man nicht darauf achtet, fährt man auf der Hauptstraße an der Grenzmarkierung glatt vorbei. Aber die beiden Teile unterscheiden sich durchaus. Der französische (36 000 Ew.) bietet luxuriöse Hotels und exquisite Restaurants. Der holländische ist eher auf US-Massentourismus ausgerichtet.

SEHENSWERTES

MARIGOT ★ (139 E3–4) (*D2*)
Besonders am INSIDER TIPP Yachthafen der Hauptstadt von St-Martin fühlt man

sich fast an die Französische Riviera versetzt. Ruhen Sie sich in einem der Straßencafés bei einem *café au lait* aus und schauen Sie den Flaneuren hinterher. Vom Fort de Marigot, das im 17. Jh. über dem Hafen thronte, sind nur noch Mauerreste und einzelne Kanonen übrig – der Blick über die Stadt lohnt aber den kleinen Aufstieg.

ESSEN & TRINKEN

LA VIE EN ROSE (139 E4) *(D2)*
Restaurant am Marktplatz von Marigot, gute französische Küche zu Pariser Preisen. *Tgl. | Blvd. de France | Marigot | Tel. 590 87 54 42 | €€€*

EINKAUFEN

Kleidung, Schmuck, Kosmetik und Spirituosen. Die besten Geschäfte befinden sich in Marigot in der *Rue de la Liberté* und in der *Rue de la République* (139 E4) *(D2)*.

STRÄNDE

Die schönsten Strände auf dem französischen Teil der Insel sind an den Buchten *Grand Case* (139 E3) *(D2)* und *Orient* (139 F3) *(D2)* zu finden.

ÜBERNACHTEN

CAPTAIN OLIVER'S (139 F4) *(D2)*
Quirliges Hotel mit Blick auf die Bay. *50 Zi. | Oyster Pond | Tel. 590 87 40 26 | www.captainolivers.com | €€*

AUSKUNFT

OFFICE DU TOURISME
(139 E4) *(D2)*
Route de Sandy Ground | Tel. 590 87 57 21 | www.st-martin.org

Phantasievolle Kachelbilder zieren ein Haus in Marigot auf St-Martin

LEEWARD ISLANDS

Bei den Leeward Islands handelt es sich nicht um eine zusammenhängende geografische oder politische Gruppe. Zwischen den einzelnen Inseln, die einst die Verwaltungseinheit der Leewards innerhalb des britischen Empires bildeten, lagen schon damals verstreut kleine Inseln, die unter französischer, holländischer oder dänischer Herrschaft standen. Wie die British Virgin Islands, die auch zu dieser Verwaltungseinheit gehörten, werden diese Inseln jedoch in diesem Führer an anderer Stelle beschrieben.

ANGUILLA

(140 A–C 5–6) (*D1–2*) **Anguilla ist die nördlichste der Leeward Islands und eine der ganz wenigen Inseln in der Karibischen See, die nicht vulkanischen Ursprungs ist.**

Das koralline Gestein des schmalen, langgestreckten Eilands erhebt sich an der höchsten Stelle, dem *Crocus Hill*, kaum 70 m über den Meeresspiegel. Ursprünglich bildete Anguilla (ca. 14 000 Ew.) innerhalb des britischen Empires eine politische Einheit mit St. Kitts und Nevis, strebte aber nach Unabhängigkeit von den beiden anderen Inseln und erhielt diese schließlich auch. Seit 1980 hat Anguilla den Status eines von Großbritannien abhängigen Gebiets. Früher waren Viehzucht und Bootsbau die Haupterwerbsquellen der Insel. In den letzten Jahren ist der Tourismus wichtiger geworden.

Bild: Darkwood Beach, Antigua

Strände wie aus Zucker – das britische Erbe zeigt sich im subtropischen Klima von seiner besten Seite

SEHENSWERTES

THE VALLEY (140 B6) (*🕮 D1–2*)
Die Hauptstadt liegt in einem flachen Tal (daher der Name) inmitten der Insel. Bis auf ein paar Boutiquen, Banken, Gästehäuser und Restaurants gibt es nicht viel zu sehen. Interessante Gebäude sind der ehemalige britische Beamtensitz *Old Island House* und das koloniale *Wallblake House* in Crossroads aus dem 18. Jh. Ein Besuch im Tourist Office macht Sie vertraut mit dem Rest der Insel. The Valley bietet sich als Ausgangspunkt für Touren in die Umgebung an.

HERITAGE COLLECTION MUSEUM
(140 C5) (*🕮 D1*)
Artefakte illustrieren die Geschichte der Insel von der Indianerzeit bis zur Kolonialisierung durch die Briten. Fotoalben und Chroniken dokumentieren zerstörerische Hurrikans ebenso wie den Besuch von Queen Elizabeth II. 1964. *Mo–Sa 10–17 Uhr | Eintritt US$ 5 | East End | Tel. 264 4 97 40 92*

Rendezvous Bay, Anguilla

ESSEN & TRINKEN

KOAL KEEL (140 B6) (*🗺 D1–2*)
Euro-karibische Küche in einem alten Regierungsgebäude aus dem 18. Jh. (Warden's Place). Sehr exklusiver Weinkeller. *So geschl. | The Valley | Tel. 264 4 97 29 30* | €€€

MANGO'S (140 A6) (*🗺 D2*)
Frischen Fisch und gegrillte Köstlichkeiten genießen Sie hier in einem Pavillon direkt am Meer. *Nur abends, Di geschl. | Seaside Grill | Barnes Bay | Tel. 264 4 97 64 79* | €€–€€€

STRÄNDE

Empfehlenswert sind *Maunday's Bay*, gut zum Schnorcheln und Schwimmen (140 A6) (*🗺 D2*), *Rendezvous Bay*, 2,5 km langer feiner, weißer Sandstrand (140 A–B6) (*🗺 D2*), und INSIDER TIPP *Shoal Bay West*, hier findet man die schönsten *conch shells* (140 A6) (*🗺 D2*).

AM ABEND

RED DRAGON DISCO (140 B6) (*🗺 D2*)
Ein heißer Tipp zum Abtanzen, vor allem fürs Wochenende. *South Hill | Tel. 264 4 97 26 87*

ÜBERNACHTEN

ALLAMANDA BEACH (140 B5) (*🗺 D1*)
In einem Palmenwäldchen direkt am Strand wird bezahlbarer „Luxus" geboten. Die kreative Küche hat einen legendären Ruf! *20 Zi. | Upper Shoa l Bay Beach | Tel. 264 4 97 52 17 | www.allamanda.ai* | €–€€

INSIDER TIPP **CAP JULUCA**
(140 A6) (*🗺 D2*)
Das Gebäudeensemble ist ein Meisterwerk der Architektur mit Türmen, Rundbögen und kleinen Innenhöfen. Zum Anwesen gehören zwei Strände und acht Villen mit allem Komfort. ● Luxuriöser Spa mit einem breiten Angebot an Anwendungen auch für Nicht-Gäste. *98 Zi. | Maunday's Bay | Tel. 264 4 97 66 66 | www.capjuluca.com* | €€€

MALLIOUHANA ★

(140 A6) (D2)

Das luxuriöse Hotel liegt auf einem Felsvorsprung mit Blick über das Meer. Der Name ist die alte Bezeichnung der Kariben für ihre Insel. Sicher ist es eines der schönsten Häuser in der Karibik und vielleicht sogar eines der besten Beachhotels der Welt. Service, Essen und Einrichtung lassen keine Wünsche offen. Keine Kreditkarten. *55 Zi. | Meads Bay | Tel. 264 4 97 61 11 | www.malliouhana.com* | €€€

AUSKUNFT

ANGUILLA TOURIST OFFICE

(140 B6) (D1–2)

Coronation Avenue | The Valley | Tel. 264 4 97 27 59 | www.anguilla-vacation.com

INSELN IN DER UMGEBUNG

DOG ISLAND (140 A5) (D1)

Die Privatinsel liegt ca. 16 km nordwestlich von Anguilla. Auf ihr kann man Relikte früherer Siedlungen und die Ruine eines Farmhauses besichtigen.

SANDY ISLAND (140 A6) (D1–2)

Einsames Inselchen mit nahezu unberührter Natur und schöner Lagune, eingebettet in ein großes Korallenriff. Fähre von *Sandy Ground Harbour* aus.

ANTIGUA

(142–143) (E–F3) **Antigua ist die zentrale Insel der nördlichen Kleinen Antillen und die größte der Leeward Islands. Über Antigua erreicht man die meisten umliegenden Inseln mit der Fluggesellschaft Liat.**

Seit Ende des 17. Jhs. ist die Insel (70 000 Ew.) in britischem Besitz, und man findet keine französischen Einflüsse wie auf vielen der Windward Islands. Im 18. Jh. war Antigua der wichtigste Flottenstützpunkt der Briten in der Karibik. Seit 1981 ist die Insel eine selbstständige konstitutionelle Monarchie innerhalb des British Commonwealth, in der die englische Königin durch den *Governor General* vertreten wird. Während der Kolonialzeit war Antigua eine typische Zuckerinsel mit Plantagen. Mancherorts sieht man heute noch die Reste der steinernen Mühlen, in denen das Zuckerrohr gepresst wurde.

MARCO POLO HIGHLIGHTS

★ Malliouhana
Luxus pur: ein wirklich perfektes Hotel auf Anguilla → S. 71

★ Nelson's Dockyard
Antigua: Die Hafenanlagen aus dem 18. Jh. dienen heute als Freilichtmuseum → S. 72

★ Curtain Bluff
Antigua: Hotel und Restaurant sind über jede Kritik erhaben → S. 74

★ Nisbet Plantation Beach Club
Karibisches Idyll auf Nevis: wohnen unter Palmen → S. 78

★ Brimstone Hill
St. Kitts: Bei klarer Sicht hat man einen schönen Fünf-Insel-Blick → S. 80

★ Rawlins Plantation
Leben wie ein Zuckerpflanzer auf St. Kitts: von Alltagssorgen befreit → S. 81

Nelson's Dockyard: Seglertreff und Flaniermeile auf Antigua

SEHENSWERTES

ENGLISH HARBOUR (143 D5) (🗺 F3)

In einer geschützten Bucht an der Südküste fanden die Engländer im 18. Jh. einen idealen Ankerplatz für ihre Karibikflotte. Diese war hier sicher vor Stürmen und von den umliegenden Felsen herab leicht gegen Feinde zu verteidigen. Die Hafenanlagen sind eine große Touristenattraktion Antiguas, aber auch die Ruinen der nach dem damaligen Gouverneur benannten Befestigungsanlagen *Shirley Heights* lohnen eine Besichtigung.

INSIDER TIPP FIG TREE DRIVE
(142–143 C–D5) (🗺 E–F3)

Nördlich des Ortes Liberta nimmt man gegenüber der katholischen Kirche den Abzweig nach Westen und fährt auf der holprigen Straße durch den Regenwald. Die Straße führt zur Siedlung *Old Road* und dem Hotel *Curtain Bluff*. Sehenswert ist hier die reiche Vegetation.

NELSON'S DOCKYARD ★
(143 D5–6) (🗺 F3)

Der spätere Sieger der Seeschlacht von Trafalgar diente hier als junger Offizier, und später war er Kommandant des Flottenstützpunkts, der jetzt seinen Namen trägt. Die gesamte Anlage ist heute ein Freilichtmuseum, in dem man alte Lagerhäuser und Werkstätten, Docks und Wohnräume besichtigen kann. Zum Teil sind sie auch zu Hotels oder Restaurants umgebaut worden. Nelson's Dockyard ist Ende April bis Anfang Mai auch Hauptquartier der INSIDER TIPP „Antigua Sailing Week", einer Regatta, die wahren Volksfestcharakter hat. *3,5 km südl. von English Harbour*

ST. JOHN'S (142 C3) *(E3)*

KARTE IM HINTEREN UMSCHLAG In der Hauptstadt St. John's an der Nordwestküste der Insel leben mehr als die Hälfte der Einwohner Antiguas (ca. 36 000). Die in den 1980er-Jahren restaurierten historischen Gebäude am Kreuzfahrtschiff-Hafen *Redcliffe Quay* und *Heritage Quay* täuschen darüber hinweg, dass der größere Teil von St. John's sanierungsbedürftig ist. Die *Kathedrale* von St. John wurde ursprünglich 1681 erbaut, aber nach zwei verheerende Erdbeben 1845 in ihren jetzigen Zustand versetzt. ● Besuchen Sie die Kirche am Samstag, dann können Sie danach gleich einen Bummel über den benachbarten Markt anschließen *(Church/Long Street)*.

ESSEN & TRINKEN

COCONUT GROVE (142 C2) *(E3)*
Zum Meer hin offenes Strandrestaurant des *Siboney* Hotels. Spezialität: Fisch und Meeresgetier. *Tgl. | Siboney Beach Club | Dickenson Bay | Tel. 268 4 62 15 38 |* €€€

CURTAIN BLUFF (142 C5) *(E3)*
Hausherr Howard Hulford ist Liebhaber erlesener Weine. 50 000 Flaschen guter Lagen ruhen in seinem Keller. Das Essen des Schweizer Chefkochs passt zu den guten Weinen. Keine Kreditkarten. *Tgl., Juni–Okt. geschl. | Old Road | Carlisle Bay | Tel. 268 4 62 84 00 |* €€€

HOME (142 C3) *(E3)*
Hier können Sie beste karibische Haute Cuisine in eleganter und freundlicher Atmosphäre genießen. *Tgl. | Luther George Place | Gambles Terrace | St. John's | Tel. 268 4 61 76 51 |* €€

STICKY WICKET ● (143 D2–3) *(F3)*
Cricketbar mit Blick auf den Stanford Cricket Ground und gutem westindischem Essen – sehr guter Pepperpot! *20 Pavilion Drive | Coolidge | Tel. 268 4 81 70 00 |* €€

THE WARDROOM (143 D5) *(F3)*
Das Restaurant des *Copper and Lumber Store Hotels* bietet eine phantastische

BUS FAHREN

Manchmal ist es schwierig, auf den Kleinen Antillen zwischen öffentlichen Bussen und Taxis zu unterscheiden. Große Linienbusse sind hier selten. Meist sind es japanische Kleinbusse, die in halsbrecherischer Fahrt die einzelnen Dörfer mit der Inselhauptstadt verbinden. Die Busse sind nicht nur ein billiges Verkehrsmittel, sondern auch eine Art Kommunikationsmittel, denn der Kontakt zu den Inselbewohnern ist schnell hergestellt – schon wegen des zwangsläufigen Körperkontakts zu den Mitreisenden während der rasanten Fahrt. Wenn man vom Busbahnhof in der Hauptstadt abfahren möchte, muss man sich damit abfinden, dass der Busfahrer wartet, bis sein Fahrzeug voll ist. Aber das kann einem – z. B. am Flugplatz – ohne weiteres auch mit einem Taxi passieren – und dann zahlt man dennoch den vollen Tarif.

Küche in gemütlicher und gediegener Atmosphäre. Das Interieur ist maritim angehaucht, die Restauranträume sind um einen kleinen Innenhof gruppiert. *Tgl. | Copper and Lumber Store | Nelson's Dockyard | Tel. 268 4 60 11 60 | €€€*

EINKAUFEN

Die Haupteinkaufsstraßen in St. John's (142 C3) (*E3*) sind *St. Mary's, Long* und *High Street*. Samstag ist Markttag (am südlichen Ende der Market Street). Läden mit zollfreien Angeboten, Restaurants, Boutiquen und Bars finden Sie in den Einkaufskomplexen *Redcliff-* und *Heritage Quay.*

STRÄNDE

CARLISLE BAY (142 C5) (*E–F3*)
Langer weißer Sandstrand, vor dem die Karibik und der Atlantik zusammentreffen. *Südöstlich von Old Road*

FIVE ISLANDS (142 B3) (*E3*)
Vier Strände gehören zum Hawksbill-Hotelkomplex; einer davon ist FKK-Strand. *Westlich von St. John's*

HALF MOON BAY (143 F5) (*F3*)
Idealer Strand zum Baden, Schnorcheln, Surfen. Von hier aus sieht man die INSIDER TIPP schönsten Sonnenaufgänge – wenn Sie es schaffen, um 6 Uhr aufzustehen ... *Südöstlich von Freetown an der Atlantikseite*

FREIZEIT & SPORT

STANFORD CRICKET GROUND ●
(143 D3) (*F3*)
Der 2004 ausgebaute Cricket Ground – auch bekannt als *Sticky Wicket Stadium* – ist das Heimatstadion des Teams *Leeward Islands* und bietet 5000 Zuschauern Platz. Die Matches sind echte Volksfeste. *Osbourn | St. George*

AM ABEND

CASINO IM ST. JAMES CLUB ●
(143 E5) (*F3*)
Roulette, Black Jack und anderes mehr. *Tgl. ab 21 Uhr | Mamora Bay | Tel. 268 4 60 50 00*

THE COAST (142 C3) (*E3*)
Derzeit die hippste Disko der Insel mit Techno und House. *Mi–So | Eintritt US$ 10 | Heritage Quay | St. John's | Tel. 268 5 62 26 78*

SHIRLEY HEIGHTS LOOKOUT ●
(143 D6) (*F3*)
Restaurant und Pub mit sonntäglichen Grillabenden, Musik und Tanz. Ein abendlicher Cocktail und der Blick aufs Meer erwärmen das Herz. *Tel. 268 7 28 06 36*

ÜBERNACHTEN

ADMIRAL'S INN (143 D5–6) (*F3*)
Ehemaliges Lager- und Bürohaus aus dem 18. Jh. Einfach, aber geschmackvoll. Für Badelustige gibt's einen Bootsservice zur Freeman's Bay. *14 Zi. | Nelson's Dockyard | Tel. 268 4 60 10 27 | www.admiralsantigua.com | €€*

INSIDER TIPP **COPPER AND LUMBER STORE HOTEL** (143 D5–6) (*F3*)
Im historischen Nelson's Dockyard. Very british, antike Zimmereinrichtungen mit englischen Stilmöbeln. *14 Zi. | English Harbour | Tel. 268 4 60 11 60 | www.copperandlumberhotel.com | €€–€€€*

CURTAIN BLUFF ★
(142 C5) (*E–F3*)
Für anspruchsvolle Gäste ist *Curtain Bluff* das Karibikhotel schlechthin. Die Lage

Stilrein: Copper and Lumber Store Hotel am English Harbour

auf einem Felssporn erlaubt Meerblick von jedem Zimmer aus und den Verzicht auf Klimaanlagen, denn eine Seebrise reguliert die Temperatur. Howard Hulford hat neben seiner guten Weinkarte auch eine Vorliebe für Tennis. Die Plätze sind in Top-Zustand. Keine Kreditkarten. *67 Zi. | Old Road | Carlisle Bay | Tel. 268 4 62 84 00 | www.curtainbluff.com |* €€€

INSIDER TIPP OCEAN INN
(143 D5) *(E–F3)*
Bed & Breakfast mit schönem Blick auf English Harbour. Das kleine Hotel hat einen Pool und „nistet" in einem tropischen Garten. *6 Zi. | English Harbour | Tel. 268 4 63 79 50 | www.oceaninn.com |* €€

AUSKUNFT

ANTIGUA AND BARBUDA DEPARTMENT OF TOURISM (142 C3) *(E3)*
Queen Elizabeth Highway | St. John's | Tel. 268 4 62 04 80 | www.antigua-barbuda.org

INSEL IN DER UMGEBUNG

BARBUDA (142 A–B 1–2) *(E–F2)*
Etwa 50 km nördlich von Antigua liegt die flache, gut 160 km² große Koralleninsel Barbuda, auf der ca. 1500 Menschen leben. Das Hauptdorf *Codrington* ist nach einem reichen Pflanzer aus Antigua benannt, der im 18. Jh. die ganze Insel gepachtet hatte und auf ihr Viehzucht betrieb, sich aber auch in der Zucht von Sklaven versuchte. Die meisten Einwohner Barbudas stammen von den Sklaven aus jener Zeit ab. Zu besichtigen gibt es lediglich eine kleine Befestigungsanlage, den *Martello Tower* aus dem frühen 19. Jh.

MONTSERRAT

(0) *(E3)* **Viele der Einwohner (ca. 5000) stammen von irischen Katholiken ab, die sich im Laufe der Jahrhunderte hier niederließen, auf der Flucht**

vor religiöser Verfolgung in anderen englischen Kolonien oder in ihrer Heimat. Noch heute sind irische Familien- und Ortsnamen auf der Insel häufig, auch die Umgangssprache ist mit irischen Ausdrücken und Redewendungen durchsetzt.

des gleichen Jahres gab es eine gewaltige Eruption, bei der 19 Menschen getötet und viele andere obdachlos wurden. Allein sieben Dörfer wurden völlig zerstört. Im August 1997 fing die Hauptstadt Plymouth als Folge einer glühenden Lavadusche Feuer und brannte vollständig

Unberechenbar: Der Vulkan La Soufrière auf Montserrat gibt keine Ruhe

Montserrat galt daher als das Irland der Karibik, als „The Emerald Isle". Aber die Insel ist nicht mehr grün. Nachdem sie sich von den schweren Schäden, die ihr Hurrikan Hugo 1989 zugefügt hatte – 95 Prozent aller Gebäude wurden ganz oder teilweise zerstört –, langsam zu erholen begann, wurde sie Opfer einer neuen Naturkatastrophe: 1995 mussten die Bewohner des Inselsüdens auf die umliegenden Inseln und in Montserrats Norden evakuiert werden, weil der Vulkan La Soufrière immer wieder Schwefel und Asche spie. Anfang 1997 zerstörten zwei aufeinander folgende Lavaströme die Great Alps Waterfalls und Galways Soufrière (das Tal des Soufrière). Im Juni aus. Heute sieht alles aus wie eine karge Mondlandschaft.

Die Einwohner bemühen sich allerdings, mit finanzieller Hilfe von Großbritannien alles wieder aufzubauen, obwohl der Vulkan noch aktiv ist und es von Zeit zu Zeit immer wieder zu Unruhen kommt. Von einer Reise nach Montserrat ist daher vorerst eher abzuraten. Es wird wohl noch einige Jahre dauern, bis die touristische Infrastruktur wiederhergestellt ist. Auskunft über den Stand der Dinge erhält man beim *Montserrat Tourist Board, Basic Services Group (Münsterplatz 1 | 55116 Mainz | Tel. 06131 99 33 20)* und auf der offiziellen Website *www.visitmontserrat.com.*

NEVIS

(141 D–F 1–3) (*E3*) **Als Kolumbus auf seiner zweiten Reise im Jahre 1493 die Insel sichtete, erinnerten ihn die Wolken, die sich um den Gipfel des Berges gesammelt hatten, an Schnee. Deshalb nannte er die Insel „Nuestra Señora de las Nieves" – Unsere Herrin des Schnees. Im Laufe der Zeit wurde aus „Nieves" der Name Nevis, die Wolken aber blieben, und es gibt kaum einen Tag, an dem der fast 1000 m hohe Nevis Peak nicht sein Haupt verhüllt.**

St. Kitts und Nevis, die beiden Inseln, aus denen der gleichnamige Staat besteht (zusammen ca. 47 000 Ew.), sind nur durch einen schmalen Wasserkanal getrennt, dennoch ist auf jeder Insel der Lokalpatriotismus groß: Entweder lebt man auf St. Kitts oder auf Nevis, keinesfalls auf „St. Kitts and Nevis". Bei einer Volksabstimmung in Nevis stimmten 1998 62,2 Prozent der Stimmberechtigten für die Unabhängigkeit von der Schwesterinsel. Damit haben sie ihre „Freiheit" (noch) nicht erlangt, aber ein deutliches Zeichen ihrer Gesinnung gesetzt.

Nevis (ca. 12 000 Ew.) hat gleichwohl vieles mit seiner größeren Nachbarinsel St. Kitts gemein. Auch hier war der Zucker lange Zeit König, auch hier machte sich der Preisverfall dieses Exportguts bemerkbar, und ebenso spielt hier der Tourismus eine weitaus geringere Rolle als auf den anderen Inseln der Kleinen Antillen. Die bedeutendsten Unterschiede sind, dass heute auf Nevis überhaupt kein Zucker mehr angebaut wird und dass die Franzosen nie ernsthaft versucht haben, auf der Insel Fuß zu fassen, weshalb ihr die blutigen Kämpfe, die im 18. Jh. auf St. Kitts stattfanden, weitgehend erspart blieben.

Ein historisches Ereignis spielte sich jedoch auf der Insel ab: Horatio Nelson, der Kommandant des britischen Flottenstützpunktes auf Antigua, heiratete hier im Jahre 1787 die junge Witwe Frances Nisbet. Obwohl er zuvor den Handel der Pflanzer mit den gerade unabhängig gewordenen USA bekämpft hatte, waren doch alle Honoratioren der Insel bei der Trauung anwesend. Vielleicht spielte dabei eine Rolle, dass Nelsons Freund Prince William, der englische Thronfolger, Trauzeuge war.

SEHENSWERTES

CHARLESTOWN (141 D2) (*E3*)
Wenn Basseterre auf St. Kitts schon wie eine Zeitreise in die Vergangenheit der Karibik wirkt, dann zeigt der größte Ort (ca. 1800 Ew.) auf Nevis die Zeitlosigkeit

LOW BUDG€T

▶ Auf Antigua ist *Joe Mike's Hotel* ein freundliches, zentral gelegenes Haus mit beliebtem Restaurant. *12 Zi. | US$ 50–60 | Ecke Nevis und Alley St | Tel. 268 4 62 11 42*

▶ Die besten und preiswertesten *rotis* auf Antigua gibt's bei *Roti King.* Mittags trifft sich hier alles, vom Rastamann bis zum Polizisten. *St. Mary's St | Tel. 286 4 62 23 28*

▶ Das *Sea Spawn Guesthouse* auf Nevis liegt zwischen Städtchen und Strand und ist einfach, aber sauber. Preise lassen sich, je nach Dauer des Aufenthalts, verhandeln. *18 Zi. | US$ 40–60 | Charlestown | Tel. 869 4 69 52 39*

dieser kleinen Inseln. Schwer vorzustellen, dass hier jemals etwas Aufregendes passiert. Auf einem Spaziergang können Sie sich einige der schönen Bauten englischer Kolonialarchitektur ansehen, z. B. in der *Government Street*. Gegenüber erinnert der *Jüdische Friedhof* an die Zeit, als aus Brasilien geflohene Juden im 17./18. Jh. auf Nevis eine große Gemeinde bildeten. In der *Gallows Bay* (hier wurden früher Piraten am Galgen aufgeknüpft) gehen hin und wieder die Bootsbauer noch ihrem traditionellen Handwerk nach.

NELSON MUSEUM (141 E3) (*E3*)
Das Museum zeigt eine Reihe von Gegenständen, die im Leben von Horatio Nelson und seiner Frau eine Rolle gespielt haben: z. B. die Teller, die aus England eigens für die Hochzeit hergeschafft wurden. *Mo–Fr 9–16, Sa 9–12 Uhr | Eintritt US$ 7 | Bath Road*

ST. JOHN'S CHURCH (141 E3) (*E3*)
Hier wird die Hochzeitsurkunde von Horatio Nelson und Frances Nisbet aus dem Jahr 1787 aufbewahrt. *Fig Tree, etwa 3 km von Charlestown entfernt*

ESSEN & TRINKEN

INSIDER TIPP **OUALIE BEACH CLUB**
(141 E1) (*E3*)
Hier werden gute Suppen, Salate und frischer Fisch serviert. Pub und Strandrestaurant. Es gibt auch Wassersportmöglichkeiten und eine Boutique. *Tgl. | Oualie Beach | Tel. 869 4 69 97 35 | €€*

FREIZEIT & SPORT

SCUBA SAFARIS (141 E1) (*E3*)
Der Club bietet verschiedene Wassersportarten an. *Oualie Bay | Tel. 869 4 69 95 18 | www.scubanevis.com*

ÜBERNACHTEN

INSIDER TIPP **GOLDEN ROCK PLANTATION** (141 E3) (*E3*)
Das Plantagenhaus aus dem 18. Jh. liegt bezaubernd am Fuß des Nevis Peak in den Bergen und eröffnet herrliche Blicke. Die alte Windmühle wurde zu einem begehrten „Honeymoon-Apartment" ausgebaut. *16 Zi. | Gingerland | Tel. 869 4 69 33 46 | www.golden-rock.com | €€*

MONTPELIER PLANTATION INN
(141 E3) (*E3*)
Hier haben Horatio Nelson und Frances Nisbet 1787 geheiratet. Stilvolle Anlage mit Pool und Privatstrand. Keine Kreditkarten. *19 Zi. | Charlestown | Tel. 869 4 69 34 62 | www.montpeliernevis.com | €€€*

NISBET PLANTATION BEACH CLUB ★
(141 E1) (*E3*)
Das schöne Haupthaus des Hotels war nicht das Wohnhaus von Frances Nisbet, es wurde erst nach ihrer Zeit erbaut. Auf der weitläufigen Rasenfläche, die sanft zum Strand hinabführt, stehen zwischen Palmen die Gästebungalows. ● Sehr stilvoll für eine original englische Tea Time. *36 Zi. | Newcastle Beach | Tel. 869 4 69 93 25 | www.nisbetplantation.com | €€€*

AUSKUNFT

TOURISM OFFICE (141 D2) (*E3*)
Main Street | Charlestown | Tel. 869 4 69 75 50 | www.nevisisland.com

ST. KITTS

(140–141) (*D–E 2–3*) **St. Kitts wird die „Mutterkolonie der Westindischen Inseln" genannt. Eigentlich heißt die**

Ein Fischerdorf als Hauptstadt: Basseterre auf St. Kitts

größere der beiden Inseln St. Kitts and Nevis ja St. Christopher, aber dieser Name wird kaum benutzt – außer vielleicht in höchst offiziellen Dokumenten. Die Geschichte der Insel ähnelt der vieler britischer Kolonien in dieser Region. Ihre vollkommene Unabhängigkeit erreichte sie erst 1983. Der Zucker spielt bis heute auf St. Kitts eine viel größere Rolle als auf den anderen ehemaligen Zuckerinseln. Heute bietet die Insel (ca. 35 000 Ew.) einem ankommenden Kreuzfahrtschiff kaum ein anderes Bild, als es sich im 18. Jh. den Segelschiffen gezeigt haben mag: Grüne Zuckerrohrfelder ziehen sich von der Küste die Berge hinauf, weiße, mit Palmen besetzte Strände und verstreute Fischerdörfer säumen die Küste der Vulkaninsel. Ihre Hauptstadt Basseterre ist ein Glanzstück kolonialer Architektur mit schönen viktorianischen Bauten und großzügig angelegten Parks. Der Tourismus ist hier noch nicht so weit entwickelt wie auf vielen anderen Inseln. Wer aber auf vordergründige Attraktionen wie zollfreien Einkauf verzichten und einen ruhigen Urlaub in üppiger Natur verbringen möchte, wer gerne Golf spielt oder ausgedehnte Wanderungen durch den Regenwald unternimmt, der ist auf St. Kitts gut aufgehoben.

SEHENSWERTES

BASSETERRE (140 C4) (*🕮 E3*)

Die Hauptstadt (ca. 15 000 Ew.) von St. Kitts liegt im südlichen, ehemals französischen Teil der Insel und zeigt sich heute von ihrer liebenswürdigsten Seite. Große Teile der Stadt wurden 1867 in einem Feuersturm zerstört. Die nach dem Brand neu errichteten Gebäude prägen noch heute das Gesicht der Stadt: karibische Viktorianik.

Blick von der Festung Brimstone Hill auf die Südwestküste von St. Kitts

BRIMSTONE HILL ★
(140 A3) (*D2*)

Die ab 1690 erbaute Festung Brimstone Hill liegt an der Westküste im mittleren, ehemals britischen Teil der Insel auf einem 250 m hohen Hügel. In den Barackenräumen werden heute Ausstellungen zur Geschichte der Festung präsentiert. *Tgl. 9.30–17.30 Uhr | Eintritt US $ 8*

ST. KITTS SCENIC RAILWAY

Erkunden Sie St. Kitts an Bord des doppelstöckigen *Sugar Train*: In vierstündiger Fahrt geht's auf den alten Schienen der Zuckerrohrbahn am Mount Liamuiga, entlegenen Dörfern und den Küsten vorbei. *Ab Needsmust Station (nahe Flughafen), wechselnde Zeiten | US $ 89 | Tel. 869 4 65 72 63 | www.stkittsscenicrailway.com*

ESSEN & TRINKEN

BALLAHOO (140 C4) (*E3*)

Restaurant im 1. Stock des alten Steingebäudes direkt am Circus. Bei gutem kreolischem Essen und niedrigen Preisen hat man hier alles im Blick. *So geschl. | Fort St. Basseterre | Tel. 869 4 65 41 97 |* €–€€

BEACH HOUSE (141 E5) (*E3*)

Internationale Köstlichkeiten in gediegener Atmosphäre. Über die Meerespassage hinweg blickt man auf Nevis. Ein echtes Refugium für Feinschmecker. **INSIDER TIPP** Mit Glück kann man in der Zeit von April bis Juli am Strand schlüpfende Meeresschildkröten beobachten. *Turtle Beach | Tel. 869 6 49 52 99 |* €€€

CHEF'S PLACE (140 C4) (*E3*)

Gutes Frühstück, karibische Küche, Sandwiches, Burger. *Tgl. | Upper Church St. | Basseterre | Tel. 869 4 65 61 76 |* €

INSIDER TIPP FISHERMAN'S WHARF
(140 C4) (*E3*)

Das Restaurant liegt unterhalb des *Ocean Terrace Inn Hotels*, direkt am Wasser. Das Essen kommt vom Grill. Man reiht sich in die Warteschlage ein, wählt seinen Fisch- oder Fleischgang und die Beilagen aus, sucht sich einen Tisch und isst. Keine

Kreditkarten. *Tgl., nur abends | Fortlands | Basseterre | Tel. 869 4 65 27 54 | €€*

FREIZEIT & SPORT

KENNETH'S DIVE CENTER
(140 C4) *(🗺 D–E3)*

Tauchschule von Kenneth Samuel. *Bay Road East | Tel. 869 4 65 26 70*

KRISS TOURS
Organisierte Wanderungen, u. a. auf den *Mount Liamuiga,* den höchsten Berg der Insel. *Tel. 869 4 65 40 42*

STRÄNDE

Die besten Strände sind *Frigate* (141 D5) *(🗺 E3)*, *Mosquito* (141 E5) *(🗺 E3)* und *Turtle Bay* (141 E5–6)*(🗺 E3)*.

AM ABEND

BOBSY'S BAR & GRILL
(140 C4) *(🗺 E3)*

Beliebter Hang-out. Snacks auf der Terrasse, Karaoke, Salsa, Livebands, DJs. *Cayon St. | Basseterre | Tel. 869 4 66 61 33*

HENRY'S NIGHT SPOT
(140 C4) *(🗺 E3)*

Nachtclub, Youngstertreffpunkt der Insulaner. *Lower Cayon St. | Dunns Cottage | Tel. 869 4 65 35 08*

MANHATTAN GARDENS
(140 B4) *(🗺 D2)*

Am Wochenende Barbecue und Tanz. *Old Road Town | Tel. 869 4 65 91 21*

ÜBERNACHTEN

BIRD ROCK BEACH HOTEL
(140 C4) *(🗺 E3)*

Das ruhige kleine Haus thront auf einem Hügel südöstlich von Basseterre. Von den Balkonen der Zimmer aus blickt man weit übers Meer bis nach Nevis. *46 Zi. | Basseterre | Tel.869 4 65 89 14 | www.birdrockbeach.com | €–€€*

GOLDEN LEMON (140 B2) *(🗺 D2)*
Die amerikanischen Besitzer haben aus einem ehemaligen Zuckerlagerhaus ein Kleinod geschaffen. Helle Zimmer im karibischen Stil, Blick aufs Meer. *26 Zi. | Dieppe Bay | Tel. 869 4 65 72 60 | www.goldenlemon.com | €€€*

OCEAN TERRACE INN (OTI)
(140 C4) *(🗺 E3)*

Freundliches Hotel an Basseterres Uferpromenade. Schöner Garten, zwei Pools, großzügige Zimmer, wunderbarer Blick auf den Hafen von Basseterre. *71 Zi. | Basseterre | Tel. 869 4 65 27 54 | www.oceanterraceinn.com | €€*

RAWLINS PLANTATION ★
(140 A2) *(🗺 D2)*

Das Rawlins vermittelt einen guten Eindruck vom damaligen Leben eines wohlhabenden Plantagenbesitzers: angenehme Umgebung, paradiesische Ruhe, dienstbare Geister. Keine Kreditkarten. *12 Zi. | Mount Pleasant | Tel. 869 4 65 62 21 | www.rawlinsplantation.com | €€€*

SEA VIEW INN (140 C4) *(🗺 E3)*
Einfaches, kleines Hotel im 1. Stock direkt an der Hafenstraße. INSIDER TIPP Schöner Blick auf das Meer und auf Nevis vom hauseigenen Restaurant aus. *10 Zi. | Bay Road | Basseterre | Tel. 869 4 66 16 35 | €*

AUSKUNFT

DEPARTMENT OF TOURISM
(140 C4) *(🗺 E3)*

Pelican Mall | Bay Road | P. O. Box 132 | Basseterre | Tel. 869 4 65 40 40 | www.stkittstourism.kn

NIEDERLÄNDISCHE ANTILLEN

Die Inseln Saba, Sint Eustatius und Sint Maarten bilden die nördliche Gruppe der Niederländischen Antillen, die südliche, eher zu Südamerika gehörende Gruppe – Aruba, Bonaire und Curaçao – liegt fast 900 km entfernt vor der Küste Venezuelas.

Die Niederländischen Antillen sind seit dem 10. Oktober 2010 ein eigenständiges Land innerhalb des Königreichs der Niederlande. Alle drei Inseln verfügen kaum über Rohstoffe, auch der landwirtschaftliche Ertrag ist gering. Deshalb wird für die Urlauber viel getan, denn schließlich bringen sie das Geld ins Land. Zudem ist Sint Maarten eine „Offshore-Zone". Die Firmen, die exklusiv auf der Insel Geschäfte betreiben, sind von Steuern und Zoll befreit. Mit dem Status des Freihafens hat Sint Maarten eine zusätzliche Attraktion für Einkaufsfreunde zu bieten: Tabak und Spirituosen, aber auch Uhren, Parfüm und Elektroartikel gibt es hier zu Schnäppchenpreisen.

SABA

(138 A–C 1–3) (*D2*) **Der erloschene Vulkan, aus dem die Insel Saba hervorgegangen ist, erhebt sich zu einer stolzen Höhe von fast 900 m. Diesen Berg können die Holländer allerdings erst seit 1812 ihr Eigen nennen, vorher wechselte die Insel zwölfmal die europäischen Besitzer.**

Saba (heute ca. 1500 Ew.) wurde im Lauf seiner Geschichte von der französischen,

Bild: Bemaltes Haus in Philipsburg, Sint Maarten

Der Kleinstaat einmal anders: Tauchen, Shopping, amerikanische Resorts in den karibischen Niederlanden

spanischen, englischen und holländischen Kultur beeinflusst.

Saba ist eine Attraktion für alle, die gerne tauchen und schnorcheln. Die weitgehend unberührten Tauchgebiete um die Insel herum – mit Korallenhainen, Felsenhöhlen und Riffen – sind zum ★ *Naturpark unter Wasser (www.sabapark.org)* erklärt worden. Die Parkverwaltung wie auch die Tauchveranstalter achten deshalb sehr darauf, dass die Vorschriften, z. B. das Anlegen an den richtigen Ankerplätzen, eingehalten werden.

SEHENSWERTES

THE BOTTOM (138 A2) (*🕮 D2*)

Der Verwaltungssitz der Insel liegt nicht „ganz unten", sondern 250 m hoch. Die holländischen Häuschen mit ihren roten Dächern und Vorgärten wirken schon etwas seltsam, so mitten in der Karibik.

MT. SCENERY (138 B2) (*🕮 D2*)

Die Inselbewohner nennen den Berg in der Inselmitte „The Mountain". Von *Windwardside* aus können Sie den 887 m

Unterwasserbegegnung vor Saba – eine Schildkröte segelt vorbei

hohen Gipfel des Vulkans über Steintreppen erklimmen.

ESSEN & TRINKEN

BRIGADOON (138 A2) (*D2*)
Lobster, Falafel, Sushi: Küchenchef Michael Chammaa steckt die Welt in einen Topf, Unterhaltung inklusive. *Di geschl. | Windwardside | Tel. 559 4 16 23 80 |* €–€€

QUEEN'S GARDENS RESTAURANT
(138 A2) (*D2*)
Französische Küche mit karibischem Flair. *Nur Dinner, Mo geschl. | Queen's Gardens Resort | Troy Hill | Tel. 599 41 63 94 |* €€

EINKAUFEN

Saba Lace (Spitze) und *Saba Spice* (Rum) sind die Spezialitäten der Insel. Erhältlich bei *Saba Artisan Foundation* und *Saba Lace Boutique Shop*, beide *Windwardside* (138 B2) (*D2*).

ÜBERNACHTEN

INSIDER TIPP **EL MOMO COTTAGES**
(138 A2) (*D2*)
Kleine Hütten an einem tropisch bewachsenen Hügel mit exzellentem Blick auf die Insel und das Meer. Sauber, freundlich, phantastisches Frühstück, Pool und schöner Garten. Besonders günstig die Budget-Cottages ohne eigenes Badezimmer. *7 Zi. | Booby Hill | Tel. 599 4 16 22 65 | www.elmomocottages.com |* €

QUEEN'S GARDENS RESORT
(138 A2) (*D2*)
Holländischer Kolonialstil, kombiniert mit indonesischer Einrichtung. *12 Zi. | Troy Hill | Tel. 599 4 16 34 94 | www.queensaba.com |* €€€

SCOUT'S PLACE (138 B2) (*D2*)
Einst Gästehaus der Regierung, jetzt Tauchbasis der Insel. Im typischen Landesstil gebaut und unter deutscher

Leitung sehr persönlich geführt. *13 Zi. | Windwardside | Tel. 599 4 16 27 40 | www.sabadivers.com* | €

AUSKUNFT

SABA TOURIST OFFICE
(138 B2) (*🗺 D2*)
Windwardside | Tel. 599 4 16 22 31 | www.sabatourism.com

SINT EUSTATIUS

(138 A–C 4–6) (*🗺 D2*) **Kolumbus taufte die Insel St. Anastasia, Sint Eustatius (3400 Ew.) wurde sie erst später von den Holländern genannt. Heute sagen alle nur „Statia". Die Besitzer der Insel wechselten 22 Mal, bevor die Holländer 1816 ihre Ansprüche endgültig geltend machen konnten.**

Im 18. Jh. war Statia ein wohlhabender Handelsstützpunkt im Warenverkehr zwischen Europa, Afrika, der Karibik und Nordamerika. Heute ist die nur 31 km² große Miniinsel ein Geheimtipp vor allem für Taucher und Wanderer. Die vorgelagerten Korallenriffe sind Tummelplätze der buntesten Fische. Die Wanderwege hinauf zum Krater des Vulkans führen durch Regenwälder mit Farnen, Mahagonibäumen, Hibiskus- und Oleandersträuchern. Für den 45-minütigen Aufstieg benötigt man eine Wandermarke vom Tourist Office *(Fort Oranje | Tel. 599 3 18 24 33)*.

SEHENSWERTES

FORT ORANJE (138 A5) (*🗺 D2*)
Von der Festung über Oranjestad hat man einen herrlichen Blick aufs Meer. Hier wurden 1776 die ersten Salutschüsse für ein amerikanisches Schiff nach Gründung der USA abgefeuert, vielleicht sogar aus den Kanonen, die man noch heute sieht.

ORANJESTAD (138 A5) (*🗺 D2*)
In der Oberstadt gibt es schöne Gebäude aus der niederländischen Kolonialzeit, z. B. das *De-Graaff-Huis* und *Three Widows Corner*. Im ehemaligen Hafengebiet der Unterstadt können Sie einen Blick in die alten Lagerhäuser werfen.

THE QUILL ★ (138 B6) (*🗺 D2*)
Der Krater des erloschenen Vulkans hat einen Durchmesser von über 500 m. Wenn der Mond in klaren Nächten hell scheint, fangen die Einheimischen hier Landkrebse, die am nächsten Tag in den Topf wandern. Der Aufstieg dauert etwa drei Stunden.

RUINEN DER SYNAGOGE
(138 B6) (*🗺 D2*)
Die gelben Steinmauern der *Honen Dalim,* der 1739 erbauten, zweitältesten

MARCO POLO HIGHLIGHTS

★ **Naturpark Saba**
Die Gewässer rund um die Insel sind Naturschutzgebiet und Taucherparadies → S. 83

★ **The Quill**
Krebse fangen bei Mondschein: verwunschener Vulkankrater auf Sint Eustatius → S. 85

★ **The Pasanggrahan Royal Guest House**
Sie wohnen hier wie einst die Königin der Niederlande, denn das kleine Stadthotel auf Sint Maarten war früher einmal ihr persönliches Gästehaus → S. 89

Synagoge der westlichen Hemisphäre, werden seit 2001 als Teil des „Historic Core Restoration Project" instandgesetzt. 50 m südlich schließen sich die Ruinen eines jüdischen Friedhofs an. *Oranjestad*

ST. EUSTATIUS HISTORICAL FOUNDATION MUSEUM
(138 A5) (*D2*)

Ausstellungen aus der indianischen Zeit und dem 17./18. Jh., der „goldenen Zeit" Statias. *Mo–Fr 9–17, Sa/So 9–12 Uhr | Eintritt US$ 3 | Simon Doncker House | Oranjestad*

ESSEN & TRINKEN

BLUE BEAD BAR (138 A5) (*D2*)
Westindische und indonesische Küche wird zwischen Ruinen aus dem 18. Jh. direkt am Meer serviert. *Tgl. | Gallows Bay | Tel. 599 3 18 28 73* | €–€€

OCEAN VIEW TERRACE
(138 A5) (*D2*)

Von der Terrasse aus hat man einen vortrefflichen Blick auf Fort Oranje. Sehr gut sind die INSIDER TIPP *shrimps creole*! *Di geschl. | Governer's Guest House | Tel. 599 3 18 29 34* | €–€€

LOW BUDG€T

▶ Das *Kangaroo Court Café* auf Sint Maarten offeriert gute Snacks – Sandwiches, Burger und Salate – zu vernünftigen Preisen. *Tgl. | Front St. | Philipsburg | Tel. 599 5 42 75 57*

▶ Günstig auf Sint Eustatius ist das *Country Inn*, ein Privathaus mit schönen Gästezimmern – sauber, ruhig, Verpflegung auf Wunsch. *6 Zi. | US$ 40–55 | Concordia | Tel. 599 3 18 24 84*

STRÄNDE

Die Strände an der Ostküste sind zwar wunderschön, aber Vorsicht: Gefährliche Strömungen machen den Wasserspaß an vielen Stellen zum russischen Roulette! Informieren Sie sich vorab bei den Einheimischen. Gute Badestrände sind die *Corre Corre Bay* (138 C5) (*D2*) und *Smoke Allay Beach* (138 A5) (*D2*).

AM ABEND

SMOKEY ALLEY BAR & GRILL
(138 A5) (*D2*)

Nightclub mit Livemusik freitagnachts. *Bay Road | Lower Town*

ÜBERNACHTEN

INSIDER TIPP KINGS WELL HOTEL
(138 A5) (*D2*)

Das kleine Hotel thront auf den Klippen zwischen Upper und Lower Town. Vor allem Taucher und Segler fühlen sich hier wohl. Die teureren Zimmer haben tollen Meerblick. *11 Zi. | Bay Road | Lower Town | Oranjestad | Tel. 599 3 18 25 38 | www.kingswellstatia.com* | €–€€

INSIDER TIPP STATIA LODGE
(138 A5) (*D2*)

Die gemütlichen Holzbungalows schmiegen sich an einen Hügel von Oranjestad. Von den Patios aus hat man einen umwerfenden Blick auf die Nachbarinseln St. Kitts und Nevis, und die Umrisse des Vulkans *The Quill.* Teakholzdekor, Steinfliesen und Deckenventilatoren runden das karibische Ambiente ab. Leider gibt es kein eigenes Restaurant, dafür hat jedes Häuschen einen eigenen Motorroller. *10 Zi. | White Wall | Tel. 599 3 18 19 00* | €€

Liebevoll gepflegter Oldtimer in Philipsburg, Sint Maarten

AUSKUNFT

SINT EUSTATIUS TOURIST OFFICE
(139 E5) *(D2)*
3 Fort Oranje | Tel. 599 3 18 24 33 | www.statiatourism.com

SINT MAARTEN

(139) *(D2)* **Sint Maarten teilt sich mit seinem französischen Nachbarn St-Martin *(s. S. 66)* die Insel. Diese Verbindung ist weltweit die kleinste geografische Einheit, auf der zwei Nationalstaaten friedlich nebeneinander leben.**
Der niederländische Teil (41 000 Ew.) ist kleiner als der französische und liegt im Süden der Insel. Sint Maarten ist die wohlhabendste der Niederländischen Antillen. Das hat sich Sint Maarten durch eine extensive Bebauung für den Tourismus erkauft: mit großen Hotelanlagen nach amerikanischem Muster, Restaurants, Bars, Kasinos.

SEHENSWERTES

PHILIPSBURG (139 E–F5) *(D2)*
Die Hauptstadt liegt auf einer Landbrücke zwischen der Groot Baai und dem Great Salt Pond. Parallel zum Wasser verlaufen die beiden Hauptstraßen *Front Street* und *Achterstraat.* Front Street ist die Einkaufsmeile mit Dutyfreeshops, Restaurants, Spielkasinos. Sehenswert ist das alte niederländische *Gerichtsgebäude.*

ST. MAARTEN PARK (139 D4) *(D2)*
Ein Muss für Kinder! Ein kleiner Zoo mit einheimischen karibischen und südamerikanischen Tieren und Pflanzen wie Moschusschweinen oder Lisztaffen. Eine Fledermaushöhle beherbergt eine Familie von Flughunden. *Tgl. 9–17 Uhr | Eintritt US $ 10 | Madame Estate, Arch Road | Philipsburg*

Sonnenbaden und Flieger gucken am Strand der Maho Bay

WATHEY SQUARE (139 D4) (*D2*)
Der Platz bildet das Herz von Philipsburg. Seine holländischen Gebäude, wie das Rathaus und das Gericht, stammen aus dem späten 18. Jh. Alle Hotels, Restaurants und Dutyfree-Läden wurden nach und nach um diesen Platz herum erbaut. *Philipsburg*

ESSEN & TRINKEN

L'ESCARGOT (139 E5) (*D2*)
Provençalische Küche mit karibischem Einschlag wird auf der Rundumterrasse des farbenfrohen Gingerbread-Hauses serviert. Neben den namensgebenden Schnecken gibt's auch andere Köstlichkeiten! *Front St. | Philipsburg | Tel. 599 5 42 24 83* | €€€

OCEAN LOUNGE (139 D4) (*D2*)
Auf der luftigen Veranda nascht man Sushi oder Pasta, probiert einen der fancy Cocktails und sieht sich dazu die vorbeischlendernde Szene an ... *Holland House Beach Hotel | Front Street | Philipsburg | Tel. 599 5 42 25 72* | €€€

SARATOGA (139 D4) (*D2*)
Täglich wechselnde Speisekarte und schöner Blick auf die Marina. *So geschl. | Simpson Bay Yacht Club | Airport Road | Tel. 599 5 44 24 21* | €€

EINKAUFEN

FRONT STREET ● (139 E–F5) (*D2*)
In der Front Street reihen sich die zollfreien Läden aneinander. Philipsburg ist neben Charlotte Amalie auf St. Thomas in den US Virgin Islands der bekannteste Dutyfreehafen der nördlichen Karibik. Hier gibt es (fast) alles zu kaufen, was das Herz begehrt.

GUAVABERRY EMPORIUM
(139 D4) (*D2*)
Hier wird der seltene Guavaberry-Likör hergestellt. Die Früchte werden jedes Jahr zur Weihnachtszeit geerntet und deren vergorener Saft als bitter-süßes, rumhaltiges Nationalgetränk in viereckigen Flaschen verkauft. Ein originelles Mitbringsel für die Lieben daheim! *8–10 Front St. | Philipsburg*

SHIPWRECK SHOPS (139 D4) *(🗺 D2)*
Sint Maartens erste Adresse für Souvenirs, Kleidung, Bücher, Hängematten, Schmuck und vieles mehr. *15 und 34 Front St. | Philipsburg*

STRÄNDE

Neben dem Stadtstrand von Philipsburg sind auch die Strände in der *Maho Bay* (139 D4) *(🗺 D2)* und in der *Mullet Bay* (139 D4) *(🗺 D2)* sehr schön. Der beste aber ist *Cupecoy Beach* (138 C4) *(🗺 D2)*, eine Reihe von drei Sandstränden an der Grenze zum französischen Inselteil Saint Martin mit Höhlen, Steinformationen und Klippen. Um den Strand zu erreichen, muss man allerdings ein paar Steintreppen passieren. *Parkplatz (US$ 2) nahe Cupecoy oder Sapphire Beach*

FREIZEIT & SPORT

OCEAN EXPLORERES (139 F5) *(🗺 D2)*
Spezialist für alle Aktivitäten auf und unter Wasser: Tauchen, Boote, Exkursionen. *Simpson Bay Beach | Tel. 599 5 44 52 52*

AM ABEND

ATLANTIS WORLD CASINO
(139 D4) *(🗺 D2)*
Riesiger Komplex mit Restaurants, Slot Machines, Roulette, Baccarat und Poker. *Rhine Road | Cupecoy | Tel. 599 5 45 46 01*

SUNSET BEACH BAR (139 D4) *(🗺 D2)*
Legendäre Bar direkt am Strand. Mittwoch bis Sonntag Livemusik. *2 Beacon Hill Rd. | Maho Bay*

ÜBERNACHTEN

HOLLAND HOUSE BEACH HOTEL
(139 D4) *(🗺 D2)*
Das historische Haus an der Front Street ist der ideale Ausgangspunkt für Shopper und Sonnenanbeter, mit Läden vor der Tür und Great Bay Beach dahinter. *54 Zi. | Philipsburg | Tel. 599 5 42 25 72 | www.hhbh.com* | €€–€€€

THE HORNY TOAD GUESTHOUSE
(139 D4) *(🗺 D2)*
Geschmackvolle Räume im *Governor's House*, einem Strandhaus mit Meerblick. *8 Zi. | 2 Vlaun Drive | Simpson Bay | Tel. 599 5 45 43 23 | www.thtgh.com* | €€

THE PASANGGRAHAN ROYAL GUEST HOUSE ★ (139 F5) *(🗺 D2)*
Das charmante Hotel war einst Gouverneurssitz und Gästehaus der niederländischen Königsfamilie. *30 Zi. | Philipsburg | Tel. 599 5 42 35 88 | www.pasanhotel.com* | €€

AUSKUNFT

TOURIST INFORMATION BUREAU
(139 F5) *(🗺 D2)*
Vineyard Office Park | WG Buncamper Road | Tel. 599 5 42 23 37 | www.st-maarten.com

VIRGIN ISLANDS

Wenn man mit einem der kleinen „Inselhüpfer" die Virgin Islands anfliegt, bietet sich ein bezaubernder Anblick: Unten liegen, so weit das Auge reicht, kleine, größere und winzige Inseln, dazwischen breitet sich das in allen erdenklichen Blau- und Grünschattierungen schimmernde Meer aus – durchzogen von weißen Federstrichen der Kielwasserlinien, die die Yachten hinterlassen.

Schon Kolumbus beeindruckte die immense Anzahl der Inseln, und er benannte die Gruppe nach den 11000 Jungfrauen, die im 5. Jh. die Gefolgschaft der heiligen Ursula gebildet haben sollen. Tatsächlich sind es nur um die 100 Eilande, die sich östlich von Puerto Rico als nördlichste Gruppe der Kleinen Antillen aus dem Meer erheben. Geografisch bilden die Inseln eine Einheit, nur zwei liegen etwas abseits: St. Croix im Süden und Anegada im Norden. Politisch sind die Inseln zweigeteilt: im Osten die British Virgin Islands, im Westen die US Virgin Islands. ● Die British Virgin Islands sind ruhiger als ihre US-Schwestern: *Laid back* („ganz entspannt") ist die Grundeinstellung. Weder in Road Town, der Hauptstadt auf Tortola, noch in den Hotelanlagen kommt Hektik auf. Unter den Einheimischen hat sich viel von der britischen Lebensart gehalten, die sich im subtropischen Klima von ihrer besten Seite zeigt.

Die Inseln liegen in zwei losen Ketten nördlich und südlich des Sir Francis Drake Channel. Die Gewässer gehören zu den besten Segelrevieren der Welt: relativ

Bild: Blick auf die Trunk Bay, St. John, U.S. Virgin Islands

Zwischen den Inseln lässt es sich herrlich segeln. Auf den britischen geht es ruhiger zu als auf den amerikanischen Virgin Islands

sturmsicher, navigatorisch nicht zu fordernd und mit einer großen Auswahl an schönen Ankerplätzen in kleinen Buchten und gut ausgestatteten Marinas.
Nachdem Kolumbus die Inseln entdeckt hatte, blieben sie lange Zeit in spanischem Besitz. 1672 fielen sie an die englische Krone. Heute sind sie britische Kronkolonie, d. h., die englische Königin ist nominell das Staatsoberhaupt, doch ihre inneren Angelegenheiten regeln die Inselbewohner weitgehend autonom. Die amerikanischen Virgin Islands gehören seit 1917 als abhängiges Gebiet zu den USA, die sie für 25 Mio. Dollar der dänischen Krone abkauften. Die Einwohner haben ein eingeschränktes Wahlrecht bei den US-Präsidentschaftswahlen, doch die Inselgruppe regiert sich selbst.
In der Vergangenheit lebten die Inseln hauptsächlich von Zuckerrohranbau und dem Zuckerhandel. Seit der kubanischen Revolution sind die Inseln ein Urlaubsparadies für Amerikaner, die ohne Formalitäten einreisen können und große Freimengen zollfreier Waren mit in die

Heimat nehmen dürfen. Die Inseln sind sehr amerikanisch: moderne Hotelanlagen, Straßenkreuzer, Fastfood – eben alles, was zum *american way of life* gehört.

Tauch- und Schnorchelrevieren von den USA zum Nationalpark erklärt wurde. Ein Unterwasserpfad führt vorbei an Tafeln, die über den Routenverlauf, verschiede-

In der Windmühle auf St. Croix wurde nicht Korn, sondern Zucker gemahlen

ne Korallenarten und andere Bewohner der Tiefe informieren. *Dive Experience | 1111 Strand St | Christiansted | Tel. 340 773 33 07; N2 the Blue | Frederiksted | Tel. 340 772 34 83*

ST. CROIX

(136–137 B–F 4–6) (*B–C2*) **St. Croix ist mit einer Landfläche von 213 km² und 53 000 Einwohnern die größte Insel der US Virgin Islands. Sie liegt etwa 120 km südlich von St. John und St. Thomas.** Die beiden Städtchen auf St. Croix, Christiansted und Frederiksted, haben bis heute viel von ihrem dänischen Flair erhalten, das auf ihre einstigen Besitzer hinweist, mehr als St. John oder St. Thomas.

SEHENSWERTES

BUCK ISLAND NATIONAL PARK ★

(137 E4) (*C2*)
Vor der Nordküste von St. Croix liegt Buck Island, eine kleine Insel, die mit ihren

CHRISTIANSTED (137 D5) (*B2*)

Die Altstadt von Christiansted (15 000 Ew.) zeigt, wie vernünftig die Dänen mit dem anstrengenden Klima der Karibik umgegangen sind: Viele Straßen sind von Arkaden gesäumt. Besonders interessant ist das Labyrinth von Gassen und Straßen am nördlichen Ende der *Queen Cross Street*, wo sich Geschäfte, Restaurants und Boutiquen finden.

FREDERIKSTED (136 B5) (*B2*)

In der kleineren (4000 Ew.) der beiden Städte auf St. Croix stehen viele schöne

Gebäude aus der Kolonialzeit. Ein Tagesausflug lohnt allemal.

ESSEN & TRINKEN

INSIDER TIPP **BLUE MOON**
(136 B5) *(🗺 B2)*
Das kleine Bistro serviert asiatisch-französisch angehauchte Küche und ist berühmt für die Livejazz-Sessions *(Fr)*. *Mo geschl. | Strand St. | Frederiksted | Tel. 340 7722222 | €€*

KENDRICK'S (137 D5) *(🗺 C2)*
Das Restaurant im 1. Stock ist bei einheimischen Geschäftsleuten beliebt. *So geschl. | King St. | Christiansted | Tel. 340 7739199 | €€€*

STRÄNDE

Gute Strände sind *Cane Bay* (136 C4) *(🗺 B2)*, *Grapetree Beach* (137 E5) *(🗺 C2)*, *Buccaneer Beach* (137 D4) *(🗺 B–C2)*, und *Cormorant Beach* (137 D4) *(🗺 B–C2)*.

AM ABEND

MOONRAKER (137 D5) *(🗺 B–C2)*
Mi–Sa lockt ein DJ die Youngster mit angesagter Musik. *Queen Cross St. | Christiansted | Tel. 340 7138025*

ÜBERNACHTEN

CARRINGTONS INN
(137 D5) *(🗺 B–C2)*
Etwas außerhalb von Christiansted, deshalb empfiehlt es sich, einen Leihwagen zu nehmen. Die geschmackvolle Einrichtung, die wunderschöne Aussicht auf das Meer und der hübsche Pool entschädigen dafür. *5 Zi. | Estate Hermon Hill | Christiansted | Tel. 340 7130508 | www.carringtonsinn.com | €€*

AUSKUNFT

ST. CROIX DIVISION OF TOURISM
(137 D5) *(🗺 B2)*
Visitor Centre, Government House | King St. | Christiansted | Tel. 340 7730495 | www.stcroixtourism.com

ST. JOHN

(137 D–F 2–3) *(🗺 B–C1)* **Die östlichste der US Virgin Islands ging in den 1950er-Jahren zur Hälfte in den Besitz der Rockefellers über.**
Die Magnatenfamilie spendete den größten Teil für einen Nationalpark, der zwei Drittel der 50 km² großen Insel bedeckt.

SEHENSWERTES

BORDEAUX MOUNTAIN
(137 E3) *(🗺 B1)*
Der höchste Berg auf St. John ragt 389 m hoch auf: toller Blick auf das Meer und

MARCO POLO HIGHLIGHTS

★ **Buck Island National Park**
Nationalpark unter Wasser, von St. Croix aus per Boot zu erreichen → S. 92

★ **Virgin Islands National Park**
Natur pur auf St. John – inklusive Zuckermühle und Felsbilder → S. 94

★ **The Baths**
Berühmt: die gigantischen Felsen auf Virgin Gorda → S. 98

★ **Bitter End Yacht Club**
Strandhotel mit guten Wassersportmöglichkeiten auf Virgin Gorda → S. 99

andere Inseln (Routenkarte beim *Visitors' Centre* in Cruz Bay).

CRUZ BAY (137 D3) *(🗺 B1)*
In der kleinen Hauptstadt der Insel gibt es ausgefallene Läden und Restaurants und das *Visitors' Centre* des Nationalparks. *Am Hafen | tgl. 8–16.30 Uhr | Tel. 340 776 62 01*

VIRGIN ISLANDS NATIONAL PARK ★
(137 D–F 2–3) *(🗺 B–C1)*
Mehrmals in der Woche führt ein Parkranger den *Reef Bay Hike*, eine Wanderung durch die Vegetationszonen des Parks. Dazu gehören auch die Besichtigung einer alten Zuckermühle und vorkolumbischer Felsbilder. *Info im Visitors' Centre, Cruz Bay*

ESSEN & TRINKEN

LIME INN (137 D3) *(🗺 B1)*
Meeresfrüchte und Pasta. *So geschl. | King St. | Cruz Bay | Tel. 340 776 64 25 | €€*

MISS LUCY'S RESTAURANT
(137 E3) *(🗺 C1)*
Pig roast und Fisch stehen auf der Karte. Allein der *conch chowder* (Conchsuppe) lohnt den Weg. *Tgl. | Salt Pond | Tel. 340 693 52 44 | €–€€*

EINKAUFEN

Die interessanten Läden konzentrieren sich auf *Wharfside Village* und *Mongoose Junction* in Cruz Bay. Hier findet man Schmuck, Wohnaccessoires, Talismane und Kleidung.

ÜBERNACHTEN

CANEEL BAY RESORT (137 D3) *(🗺 B1)*
Elegante, in den 1950er-Jahren gebaute Anlage mit Restaurants und Wassersportangeboten. *166 Zi. | Cruz Bay | Tel. 340 776 61 11 | www.caneelbay.com | €€€*

ST. JOHN INN (137 D3) *(🗺 B1)*
Kleines, unprätentiöses Hotel mitten in Cruz Bay. Die Atmosphäre ist so familiär, dass es einen gemeinsamen Grillplatz gibt. Einge Zimmer haben Meerblick. *13 Zi. | Cruz Bay | Tel. 340 693 86 88 | www.stjohninn.com | €€*

AUSKUNFT

TOURIST OFFICE (137 D3) *(🗺 B1)*
P. O. Box 200 | Cruz Bay | Tel. 340 776 64 50 | www.stjohnusvi.com

ST. THOMAS

(136 A–C 2–3) *(🗺 B1)* **Die Hauptinsel (ca. 51 000 Ew.) der US Virgin Islands ist intensiv bebaut, sodass von der Landschaft nicht mehr viel zu sehen ist.**
Charlotte Amalie, die Hauptstadt, platzt aus allen Nähten; am Hafen und am Rand des Zentrums ragen Betonklötze in den Himmel. Dennoch besuchen Kreuzfahrtgäste die Stadt, denn zwischen *Waterfront* und *Main Street* erstreckt sich ein Gassengewirr mit vielen Dutyfree-Shops.

SEHENSWERTES

CHARLOTTE AMALIE (136 B–C3) *(🗺 B1)*
Charlotte Amalie (19 000 Ew.), die Hauptstadt der US Virgin Islands, wird wegen ihrer Dutyfree-Shops gern von Kreuzfahrern angelaufen. Abgesehen davon hat die Stadt aber nicht viel zu bieten.

MOUNTAIN TOP (136 C2) *(🗺 B1)*
Von dem Aussichtslokal aus haben Sie eine schöne Sicht auf den nördlichen Teil von St. Thomas und auf die Magans Bay, Tortola. *Route 33*

ESSEN & TRINKEN

BANANA TREE GRILLE
(136 B–C3) (*B1*)
Candlelight Dinner mit tollem Blick auf den Hafen. *Bluebeard's Castle | Charlotte Amalie | Tel. 340 7 76 40 50 | €€–€€€*

EINKAUFEN

CHARLOTTE AMALIE
(136 B–C3) (*B1*)
Auf der Main Street finden Sie in den Dutyfree-Shops internationale Designer, Uhren, Elektronik, Parfüm, Alkohol, Tabak.

AM ABEND

THE GREENHOUSE (136 C3) (*B1*)
Nach 22 Uhr wird die Restaurantbar zum szenigen Rock-'n'-Roll-Club. *Waterfront Highway | Tel. 340 7 74 79 98*

ÜBERNACHTEN

HOTEL 1829 (136 C3) (*B1*)
Das alte Haus im spanischen Kolonialstil bietet eine schöne Unterkunft in der Hauptstadt. *15 Zi. | Charlotte Amalie | Tel. 340 7 76 18 29 | www.hotel1829.com | €€*

AUSKUNFT

ST. THOMAS DEPARTMENT OF TOURISM (136 C2) (*B1*)
Waterfront | Charlotte Amalie | Tel. 340 7 74 87 84 | www.st-thomas.com

TORTOLA

(134–135 B–D 4–5) (*C1*) **Tortola, die von den Spaniern wegen der vielen Turteltauben so genannte Hauptinsel der British Virgin Islands (15 000 Ew.),**

Seilbahn über der Bucht von Charlotte Amalie, St. Thomas

liegt am nördlichen Rand des Francis Drake Channel.
Der größte Teil der 54 km² großen Insel ist von Buschwerk bewachsen, da der Regenwald abgeholzt wurde, um Raum für Zuckerrohrpflanzungen zu schaffen. Nur am Mount Sage auf der Westhälfte der Insel findet man noch Spuren der einstigen Vegetation. Die Hauptstadt ist Road Town.

SEHENSWERTES

J. R. O'NEAL BOTANIC GARDENS
(134 C4) *(🗺 C1)*
Der botanische Garten der Inselhauptstadt ist zwar noch jung, kann aber schon eine schöne Anlage vorweisen; mit einem kleinen Orchideenhaus, einem Bambushain und mehreren Teichen. *Mo–Sa 9–16.30 Uhr | US $ 3 | Road Town*

MOUNT SAGE NATIONAL PARK
(134 B5) *(🗺 C1)*
Mount Sage ist der höchste „Berg" (543 m) auf Tortola. An seinen Hängen liegt der Nationalpark, in dem der Regenwald unter Schutz steht. Auf Tortola und den anderen Inseln wächst wegen der intensiven Plantagenwirtschaft fast nur macchiaähnliches Strauchwerk. Auch der Regenwald ist nicht beeindruckend, aber von guten Wegen erschlossen. *Eintritt frei | Zufahrt über Joe's Hill Road*

ROAD TOWN (134 C4) *(🗺 C1)*
Das wenig aufregende Städtchen liegt von Hügeln umrahmt an einer Bucht der Südküste. Road Town ist die Hauptstadt, der Gouverneurs- und Verwaltungssitz der British Virgin Islands. Von seinem geschäftigen Hafen aus fahren Fähren zu den anderen Inseln und nach *St. John's* und *St. Thomas*.

ESSEN & TRINKEN

MOUNTAIN VIEW (134 B5) *(🗺 C1)*
Empfehlenswert im „Bergblick" ist die Spezialität des Hauses: gegrillter Mahi Mahi (Goldmakrele) in Limonenzwielelsauce. *Sage Mountain | Tel. 284 4 95 95 36 | €–€€*

THE PUB (134 C4) *(🗺 C1)*
Hier werden Burger, Steaks, gegrillter Fisch, *conches* etc. serviert. Man speist auf der Holzveranda mit schönem Blick auf die Marina und den Hafen von Road Town. *Tgl. | Waterfront Drive | Tel. 284 4 94 26 08 | €–€€*

INSIDER TIPP **SUGAR MILL**
(134 B5) *(🗺 C1)*
Das Restaurant des gleichnamigen Hotels bietet abends ein phantastisches Menü zum Festpreis an; nicht gerade billig, aber super lecker. *Tgl. | Apple Bay | Tel. 284 4 95 43 55 | €€€*

RMS „RHONE"

Während eines Hurrikans sank das britische Postschiff RMS „Rhone" 1867 vor Salt Island, einer kleinen Insel der British Virgin Islands. Das gut erhaltene Wrack diente als Kulisse für den Hollywoodfilm „Die Tiefe", der Jacqueline Bisset 1977 berühmt machte. Heute ist das in einer Tiefe von 9–24 m unter Wasser liegende Wrack ein beliebtes Ziel für Taucher. Alle Tauchschulen auf den British Virgin Islands bieten Ausflüge zur „Rhone" an *(s. S. 108/109)*.

EINKAUFEN

PUSSER'S COMPANY STORE & PUB

(134 C4) *(🗺 C1)*

Hier gibt es Pusser's Rum, modische Strandbekleidung für sie und ihn und allerhand maritime Souvenirs. *Main Street | Road Town*

SUNNY CARIBBEE HERB AND SPICE COMPANY (134 C4) *(🗺 C1)*

Appetitlich verpackte karibische Gewürze, Kaffee, Tee und schöne Mitbringsel. *Main Street | Road Town*

STRÄNDE

Schönster Strand: INSIDER TIPP *Cane Garden Bay* (134 B4) *(🗺 C1)*, mit vielen kleinen Hotels und Beachbars. Gut zum Surfen: *Apple Bay* (134 B5) *(🗺 C1)*; zum Schnorcheln: *Smugglers Cove* (134 B5) *(🗺 C1)*.

AM ABEND

BOMBA'S SURFSIDE SHACK

(134 B5) *(🗺 C1)*

Zu jeder Vollmondnacht tobt hier eine heftige Beachparty. Nichts für „gesetztere Herrschaften". *Capoon's Bay/Apple Bay | Tel. 284 4 95 41 48*

Relaxen am Elizabeth Beach des Lambert Beach Resorts

ÜBERNACHTEN

LAMBERT BEACH RESORT

(134 C4) *(🗺 C1)*

Exklusive Villen am schönen Strand von *Elizabeth Beach*; zum Meer hin offenes Restaurant. *38 Zi. | Tel. 284 4 95 28 77 | www.lambertbeachresort.com* | €€

OLE WORKS INN (134 B4) *(🗺 C1)*

Das kleine Hotel wurde um eine 300 Jahre alte Zuckermühle herumgebaut. *18 Zi. | Cane Garden | Tel. 284 4 95 48 37 | www.quitorymer.com* | €–€€

PUSSER'S FORT BURT HOTEL
(134 C4) *(C1)*
Hotel auf einem Fels über der Bucht von Road Town: schöner Blick auf Stadt und Inseln. *17 Zi. | Road Town | Tel. 284 4 94 25 87 | ortburt@surfbvi.com | €–€€*

AUSKUNFT

BVI TOURIST BOARD OFFICE
(134 C4) *(C1)*
De Castro St., Akara Building | Road Town | Tel. 284 4 94 31 34 | www.bvitourism.com

VIRGIN GORDA

(135 D–E4) *(C1)* **Die Insel (3000 Ew.) liegt östlich von Tortola und ist ca. 20 km² groß. Landschaftlich ist sie eher trocken-tropisch, dafür hat sie mit The Baths eine besondere geologische Attraktion zu bieten.**
Außerdem finden sich hier exklusive Resorts, und das Wort Entspannung wird noch größer geschrieben als auf den anderen Inseln.

SEHENSWERTES

THE BATHS ★ (135 D4) *(C1)*
Eine Reihe von großen Felsbrocken bilden kleine Bassins, Höhlen und offene oder überdeckte Kanäle – interessante Stellen, ideal zum Schwimmen und Schnorcheln. *Südwestl. von Spanish Town*

SPANISH TOWN (135 D4) *(C1)*
Das verschlafene Hauptstädtchen im Südosten der Insel hat einen schönen Yachthafen mit Einkaufsarkaden, Pub und Supermarkt.

ESSEN & TRINKEN

INSIDER TIPP **GIORGIO'S TABLE**
(135 E4) *(C1)*
Gute italienische Küche und ein beachtlicher Weinkeller. Romantisch zum Dinner. *Tgl. | Town Bay Well | Tel. 284 4 95 56 84 | €€–€€€*

STRÄNDE

Ideal zum Baden und Faulenzen: *Long Bay* (135 D4) *(C1)*, *Spring Bay* (135 D4) *(C1)* und *Savannah Bay* (135 E4) *(C1)*.

AM ABEND

INSIDER TIPP **THE MINE SHAFT CAFÉ & PUB** (135 D4) *(C1)*
Zum Sonnenuntergang am Cocktail nippen und den einzigartigen Blick auf die Virgin Islands genießen. *Coppermine Road | Tel. 284 4 95 52 60*

LOW BUDG€T

▶ Auf St. Thomas bietet das kleine Stadthotel *Galleon House* einen schönen Blick auf Charlotte Amalie und den Hafen. Veranda, Pool, gutes Frühstück inklusive. *12 Zi. | ab US$ 70 | Kongens Gate | www.galleonhouse.com*

▶ In den *Cinnamon Bay Campgrounds* auf St. John wohnen Sie mitten im National Park mit seiner tropischen Vegetation in Zelten oder Hütten direkt am Strand. *US$ 4,25/Pers. in Viererzelten bzw. -hütten | östlich von Cruz Bay | Tel. 340 7 76 63 30 | www.cinnamonbay.com*

ÜBERNACHTEN

BITTER END YACHT CLUB ★ ●
(135 E4) (🗺 C1)

Seglerhotel mit ausgezeichneten Wassersportmöglichkeiten. Man wohnt in hübschen Chalets mit Blick über North Sound. Jeden Donnerstagabend wird zu Livemusik abgetanzt. *100 Zi. | North Sound | Tel. 284 4 94 27 46 | www.beyc.com* | €€€

LEVERICK BAY RESORT
(135 E4) (🗺 C1)

Hier geht es leger und relaxed zu, mit Marina, Restaurant, Snackterrasse, Spa. *16 Zi. | Tel. 284 4 95 74 21 | www.leverickbay.com* | €€

AUSKUNFT

VIRGIN GORDA TOURIST BOARD
(135 E4) (🗺 C1)

Spanish Town | Tel. 284 4 95 51 81

INSELN IN DER UMGEBUNG

ANEGADA (135 E–F 1–2) (🗺 C1)
Anegada liegt nur knapp 10 m über dem Meeresspiegel. Für Taucher gibt es einige schöne Korallenriffe. Auf Anegada betreibt die Soares-Familie das kleine Gästehaus und Restaurant INSIDERTIPP *Neptune's Treasure*. *9 Zi. | Tel. 284 4 95 94 39* | €

JOST VAN DYKE (134 A–B4) (🗺 B–C1)
Der Name erinnert an einen holländischen Piraten. Auf der autofreien Insel nordwestlich von Tortola – Hauptort ist Great Harbour – gibt es ein paar Restaurants und Beachbars, die bei Seglern populär sind, z. B. die *Soggy Dollar Bar, White Bay.* Probieren Sie mal einen INSIDERTIPP *Painkiller*, einen Drink, der es in sich hat!

Am Strand von The Baths (Virgin Gorda) bilden Felsbrocken natürliche Badewannen

AUSFLÜGE & TOUREN

Die Touren sind im Reiseatlas, in der Faltkarte und auf dem hinteren Umschlag grün markiert

1 SAIL THE BRITISH VIRGIN ISLANDS

Um auf diesem fünftägigen Törn die vielen Ankerplätze auf den ● British Virgins kennenzulernen, ist es sinnvoll, Tortola im Uhrzeigersinn zu umsegeln. Die vorgelagerten Inseln können so der Reihe nach angesteuert werden. Außerdem haben Sie so den Wind im Rücken.

Durch den Sir Francis Drake Channel, dessen Wassertiefe zwischen 10 und 50 m variiert, geht es nach Süden. Erster Ankerplatz ist das 7 Meilen entfernte **Norman Island**. Schnorchelnd oder per Dinghi lassen sich die Höhlen südöstlich von *Treasure Point* und den Riffen wunderbar erkunden. Nur einen Katzensprung entfernt ragen die Felsen *The Indians* aus dem Wasser, mit ihren Korallenformationen und ihrer Fischvielfalt einer der beliebtesten Schnorchelplätze der Virgin Islands.

Weiter geht es nach *Soper's Hole*, **Tortolas** West End (1,5 Std., Einsteuerung zwischen *Little Thatch Island* und *Frenchman's Cay)*. Hier gibt es Läden und *Pusser's Landing*, einen Ableger der Pusser's Restaurant- bzw. Ladenkette. Nach einer weiteren Segelstunde erreicht man *Great Harbour* auf **Jost Van Dyke** **→ S. 99**. An der verschlafenen Bay liegen kleine Boutiquen, Strandrestaurants, eine Bäckerei und das *Foxy's:* Der charismatische Calypso-Barde widmet Ihnen vielleicht ein musikalisch untermaltes, satirisches Gedicht, wenn Sie

Bild: Sir Francis Drake Channel, Tortola

Schatzinseln und Schwefelschwaden: Per Schiff um die Inseln, zu Fuß zum „kochenden" See, mit dem Auto rund um St. Kitts

sich in seine Bar setzen. Nächstes Ziel auf Jost Van Dyke (140 Ew.) ist *White Bay,* nur per Dinghi oder schwimmend zu erreichen. Hier kann man sich im *Sandcastle Hotel* in einer unter Palmen schwingenden Hängematte von der Spezialität des Hauses, dem „Painkiller", erholen. Weiter geht's mit eingeholten Segeln wieder nach **Tortola** → S. 95 zur spektakulären INSIDER TIPP *Cane Garden Bay*. Dieser palmengesäumte, lebhafte Sandstrand bietet Beachbars, Restaurants und Wassersportmöglichkeiten. Außerdem können Sie die 300 Jahre alte *Callwood Rum Distillery* besichtigen, die immer noch Rum produziert. Entlang der grünen Nordküste segeln Sie Richtung **Guana Island**, *Monkey Point* (guter Schnorchelstopp mit Riff). Der Trip dahin dauert 2–3 Stunden. Langsam sollten Sie an einen Übernachtungshafen denken: *Marina Cay* bietet sich mit seinem *Pusser's Restaurant* dazu an.

Am nächsten Tag geht es weiter, vorbei an *Great Camanoe* und den *Dogs* (guter Schnorchelstopp) und an *Leverick Bay*

Resort nach *North Sound*, **Virgin Gorda → S. 98**. Mindestens zwei weitere Nächte sollte man im beliebten Seglertreff *The Bitter End Yacht Club* verbringen. Hier kann man sich mit Wasser, Eis und Benzin versorgen. Downwind geht es dann um Virgin Gorda herum, vorbei an der verschlafenen Hauptstadt *Spanish Town* mit einigen Geschäften und Pub in der Marina, Richtung Südwesten zu den berühmten *Baths* (ca. 2,5 Std.) Die riesigen Granitfelsen mit ihren Höhlen und Pools kann man wunderbar zu Fuß und schnorchelnd erkunden.

Etwa eine Stunde Fahrt führt zum nahe gelegenen **Cooper Island** mit Restaurant und Bar am Palmenstrand. Hier bietet es sich an, über Nacht zu ankern. Morgens geht es weiter, vorbei an **Salt Island** und *Dead Chest* („des toten Mannes Kiste"), nach **Peter Island**, *Deadman's Bay*. Hier erwarten Sie ein schöner Strand und das lässige Beachrestaurant des eleganten *Peter Island Resorts*. Das Resort ist über einen Fußpfad zu erreichen. Hier können Sie über Nacht ankern. Vorsicht bei der Einfahrt in den Hafen wegen des ausgedehnten Riffs östlich von Sprat Bay.

Am nächsten Morgen sollten Sie frühzeitig nach *Road Town*, **Tortola → S. 95**, aufbrechen. Auf Tortola nähert sich der Segeltörn wahrscheinlich seinem Ende. Der Flughafen *Beef Island* ist etwa eine halbe Stunde Taxifahrt von Road Town entfernt. Charterfirmen: *The Moorings | Wickhams Cay II | Tortola | Tel. 284 4 94 23 32 | www.moorings.de; BVI Yacht Charters | Port Purcell | Road Town | Tel. 284 4 94 42 89 | www.bviyachtcharters.com*

2 TAGESTOUREN ZUM BOILING LAKE, DOMINICA

Die 7- bis 8-stündige Tour ist anstrengend, eine Herausforderung, die nur annehmen kann, wer in guter körperlicher Verfassung und geübter Bergwanderer ist. Festes Schuhwerk ist ein Muss.

Die Tour beginnt in **Laudat**, einem Dorf am Fuß des Morne Nichols. Von hier aus sollten Sie sich einen erfahrenen Führer nehmen (jedes Hotel vermittelt *guides* und arrangiert Touren; sie kosten 80–100 EC $). Zunächst geht es, begleitet vom Ruf des Mountain Whistlers, eine halbe Stunde sanft bergan durch Koniferenwälder bis zum **Breakfast River**, so genannt, weil viele Wanderer hier die erste Rast einlegen, um sich zu erfrischen. Hinter dem Fluss beginnen die Hänge des **Morne Nichols**. Der Weg wird jetzt steiler und rutschig, führt an Wasserfällen und Schluchten vorbei. Tief hängende Wolken versperren z. T. die Sicht. Langsam kommen Sie in die höher gelegenen **Elfin Woodlands**. Die Äste der Zwergfichten sind vom Wind bizarr verformt und mit Moosen und Flechten überwachsen.

Nun folgt der schwierigste Teil der Wanderung, der „Kletterpart". Durch das **Valley of Desolation**, das Tal der Verwüstung, geht es über einen Ziegentrail auf nassen, glitschigen Felsen abwärts – am besten rutscht man auf dem Hosenboden herunter, sauber bleibt man bei diesem Ausflug sowieso nicht! Je weiter Sie hinunterklettern, desto deutlicher tritt das Tal vor Ihnen in Erscheinung. Heiße Quellen spritzen gelb, schwarz, silbern und orange aus ihren Pools. Im Hintergrund hören Sie das Blubbern der kochenden Schlammlöcher.

In eineinhalb Stunden erklimmen Sie den gegenüberliegenden Hang und haben jetzt das Ziel vor Augen: den **Boiling Lake**, den „kochenden See". Die Seiten des Kraters fallen 20–30 m steil zum Wasser hin ab. Die Oberfläche des Sees ist die meiste Zeit von milchigem Wasserdampf verhüllt, da die hohe Temperatur

Gigantischer Suppentopf – Wanderer am Boiling Lake auf Dominica

im Krater das Wasser fast bis zum Siedepunkt erhitzt. Ruhen Sie sich gebührend aus, bevor Sie den anstrengenden Weg zurück antreten.

Immerhin geht es, haben Sie erst den Kletterpfad hinter sich, bergab schneller. In 2 Stunden haben Sie wieder den **Breakfast River** erreicht. Hier kann man sich mit einer Katzenwäsche vom gröbsten Morast befreien und, wirklich erschöpft, den kurzen Weg nach Laudat antreten, wo in *Roxy's Bar* ein kaltes Bier wartet. Wer jetzt genug hat, kann hier auch übernachten *(Roxy's Mountain Lodge | Laudat | Tel. 767 4 48 48 45 | €)*.

3 AUTOTOUR RUND UM ST. KITTS

Die zwei- bis dreistündige Fahrt beginnt in Basseterre, St. Kitts' Hauptstadt. Avis Car Rental *(South Independence Square | Tel. 869 4 65 65 07)* vermietet gute Suzuki-Jeeps zu angemessenen Preisen. Am besten, Sie fahren am frühen Nachmittag los, sodass Sie später im Westen den Sonnenuntergang sehen können.

Nach Osten geht es aus der Stadt hinaus Richtung Flughafen. Von hier aus sieht man schon die grünen Hügel des Berges Mt. Liamuiga. Vorbei an **Conaree Village** geht es auf der Küstenstraße nach **Cayon**. Links und rechts säumen Zuckerrohrfelder die Straße. Hinter Cayon geht es links zu **Ottleys Plantation**, einem alten Plantagenhaus, das heute ein luxuriöses Hotel ist. Zurück auf der Küstenstraße geht es weiter an der Atlantikküste entlang mit Blick auf St. Barts Richtung **Tabernacle**, einem kleinen Ort links der Hauptstraße, mit typisch karibischen Holzhäuschen. Über Black Rocks und Sandy Bay erreichen Sie **Dieppe Bay Town**. Hier lohnt sich der Abstecher zum **Hotel Golden Lemon** → S. 81, ei-

Koloniales Architekturidyll: Häuser auf Mustique

nem alten Herrenhaus direkt am Strand. Vielleicht legen Sie hier eine Lunchpause auf der Terrasse ein. Hinter Dieppe Bay Town führt ein kleiner, ausgeschilderter Pfad durch Zuckerrohrfelder hinauf in die Berge. Am Fuß des Mt. Liamuiga liegt das alte Zuckerrohr-Estate **Rawlins Plantation → S. 81**, das jetzt das schönste Hotel der Insel ist. Die wunderbare Ruhe und der weite Blick über die grünen Felder aufs Meer mögen einen auch hier etwas verweilen lassen, bevor es weitergeht, um den Nordbogen der Insel herum, Richtung **Sandy Point**, der zweitgrößten Stadt von St. Kitts.

Ein paar Kilometer hinter Sandy Point geht es nach links durch dichten Wald hinauf in die Berge nach **Brimstone Hill → S. 80**, einem beeindruckenden Fort aus dem 17. Jh. Von hier aus hat man einen unglaublichen Blick auf die Nachbarinseln Anguilla, Montserrat, Saba, Sint Eustatius, St-Barts und St-Martin. Zurück auf der Küstenstraße Old Road geht es nach Süden Richtung **Basseterre → S. 79**.

Bei Old Road Town folgen Sie einem Hinweisschild nach links und fahren die Hügel des Mt. Liamuiga hinauf bis zu den Ruinen von **Romney Manor**. Das alte Gutshaus einer ehemaligen Zuckerplantage steht mit Nebengebäuden in einem ausgedehnten tropischen Garten mit Palmen und Orchideen. Im Haupthaus ist jetzt *Caribelle Batik* untergebracht, ein Batikshop, in dem noch nach traditionellen Techniken gearbeitet wird. Zurück geht es dann wieder über die Küstenstraße Old Road.

Auf Höhe Ottley's Level zeigt ein Schild nach links zum Plantagenhaus INSIDER TIPP *Fairview Great House*. Wieder fahren Sie etwas den Hügel hinan bis zum Parkplatz des schön renovierten Hotels. Hier auf der Veranda zu sitzen, den Sonnenuntergang zu betrachten und einen Sundowner zu genießen, lässt einen schönen Nachmittag perfekt ausklingen.

4 ISLAND HOPPING AUF DEN GRENADINEN

Die rund 600 Inselchen der Grenadinen ziehen sich von St. Vincent südwärts bis nach Grenada. Sie sind kaum besiedelt, liegen nur ein paar Kilometer voneinander entfernt, und ihre palmengesäumten Strände sind beliebte Ankerplätz für Segler.

Vom Ferry Terminal in **St Vincent** → S. 53 geht es zunächst zur ca. 15 km südlich gelegenen Insel **Bequia** → S. 54 *(Dauer der Überfahrt ca. 1 Std. | einfache Fahrt EC $ 25)*. Das verschlafene Nest mit kaum 5000 Einwohnern ist eher trocken und zerklüftet. Die Küsten aber säumen die schönsten Sandstrände der Grenadinen. Das *Gingerbread Hotel* in Port Elizabeth betreibt ein gutes Restaurant und Café und bietet an mehreren Tagen in der Woche Livemusik *(10 Zi. | Admirality Bay | Tel. 784 4 58 38 00 | www.gingerbreadhotel.com | €€–€€€)*.

Per Tagescharter geht es mit der „Friendship Rose" *(www.friendshiprose.com | ca. 30 Min. | US$ 40)* von Friendship Bay aus weiter nach **Mustique** → S. 55, der Prominenteninsel, auf der u. a. Mick Jagger und David Bowie ihre karibischen Wohnsitze pflegen. Hier sollte man es sich nicht entgehen lassen, in *Basil's Bar* direkt am Hafen einen Drink zu nippen *(Britania Bay | Tel. 784 4 88 83 50)*.

Das nächste Ziel ist die hügelige Insel **Canouan**, ca. 15 km von Bequia entfernt *(Fähre von Bequia 45 Min. | EC 55 | oder mit dem Privat Jet Service direkt von Mustique aus | Preise Verhandlungssache)*. Der schönste Strand hier ist *Grand Bay*, an dem auch das *Hotel Tamarind Beach & Yachtclub* liegt *(31 Zi. | Tel. 784 4 58 80 44 | www.tamarindbeachhotel.com | €€€)*.

Von Canuan aus kann man mit der „Jaden Sun Ferry" für ca. EC 30 nach **Mayreau** → S. 55, dem südlich gelegenen Inselchen gelangen. Der weiße Sandstrand *Saltwhistle Bay* lädt hier zum Schwimmen und Sonnen ein. Erfrischen kann man sich in dem gleichnamigen Beach Club mit einem kühlen Bier und Snacks.

Wenige Kilometer östlich liegen die bezaubernden **Tobago Cays** → S. 55. Sie sind unbewohnt und ein traumhaftes Plansch- und Schnorchelrevier. Das Wasser hier ist so klar, dass man Korallen und Fische vom Bootsrand aus bestaunen kann. Tagesausflüge werden von allen Grenadineninseln aus angeboten, z.B. von *Captain Yannis Catamarans (Tel. 784 4 58 85 13 | ca. US $ 70 mit Verpflegung und Schnorchelzeug)*.

Union Island → S. 55 und das vorgelagerte **Palm Island** bilden die südliche Grenze der Grenadinen. Sie sind von Canouan aus per Fähre in 30 Minuten *(ca. EC $ 30)* zu erreichen. Segler und Yachtcrews treffen sich im *Anchorage Yacht Club*, um nach ein paar Drinks und Snacks nach Grenada weiterzufliegen.

SPORT & AKTIVITÄTEN

Sonne, Meer und Strand sind die besten Garanten für Spaß am Wassersport jeglicher Art. Die ständige Nordostbrise macht jeden Segler oder Windsurfer glücklich, die den Inseln vorgelagerten Korallenriffe erfreuen Schnorchler und Taucher, die Fischbestände im tieferen Ozean begeistern Hochseefischer.

Die entsprechende Infrastruktur für Aktivurlauber ist vielfältig und gut. Jedes Hotel bietet eine Palette von Wassersportmöglichkeiten an, selbst dann, wenn es nicht direkt am Wasser liegt. Unzählige Yachtcharterfirmen haben sich im Laufe der Jahre etabliert, Diveshops verleihen Schnorchelausrüstung und Sauerstofftanks. Natürlich können Sie bei dem beständig schönen Wetter auch wunderbar Golf spielen. Viele der Luxusresorts haben sich neben Tennisplätzen inzwischen auch einen eigenen Golfplatz angelegt. Die Inseln vulkanischen Ursprungs bieten mit ihren tropischen Regenwäldern die idealen Voraussetzungen für unvergessliche Wanderungen und Erkundungs- oder Klettertouren.

FAHRRAD FAHREN

Die Karibik per Fahrrad zu erkunden ist in den letzten Jahren immer beliebter geworden. Fast überall kann man Räder leihen. Viele Inseln haben Berge, die über 1000 m hoch sind. Auf Serpentinen durch den Regenwald zu strampeln ist eine Herausforderung für Fortgeschrittene! *Infos und Kartenmaterial bei den Touristenbüros*

Bild: Segelboote in Sainte Anne auf Guadeloupe

Ob 10 Meter unter oder 1000 Meter über dem Meeresspiegel – jeder Sportfan kommt in der Karibik auf seine Kosten

GOLF

Golfen ist bekanntlich ein ambitionierter Spaziergang, und der ist auf den Plätzen der Karibik, die man eher als „Golfgärten" bezeichnen könnte, besonders erquicklich und erholsam. Auf manchen Golfplätzen werden Leguane zu natürlichen Hindernissen, denn sie verwechseln die rollenden Golfbälle gern mit verspeisbaren Insekten. Aber im Normalfall geht es eher gemütlich zu ... Hier eine Auswahl der besten Golfplätze:

Antigua: *Cedar Valley Golf Club | Friar's Hill | Tel. 268 462 0161*
Barbados: *Golf Club | Tel. 246 4 28 84 63*
Grenada: *Grenada Golf and Country Club | Woodlands | Tel. 473 4 44 41 28*
Guadeloupe: *Saint-François Golf Club (18 Löcher) | Tel. 590 88 41 87 | www.saint-francois-golf.com*
Martinique: *Golf Country Club de la Martinique | Trois-Ilets | Tel. 596 68 32 81 | www.golfmartinique.com*
Nevis: *Four Seasons Resort | Pinney's Beach | Tel. 869 4 69 11 11*

St. Kitts: Royal St. Kitts Golf Club | Frigate Bay | Tel. 869 4 66 27 00 | www.royalstkittsgolfclub.com
St. Lucia: St. Lucia Golf and Country Club | Cap Estate | Tel. 758 4 50 85 23

SEGELN & WINDSURFEN

Hier ist ★ *Segeln* ein Traum! Auf allen Inseln gibt es Charterfirmen, die Tagesausflüge mit dem Boot, Segelkurse sowie Segelboote mit oder ohne Skipper anbieten. Die Passatwinde lassen so gut wie keine Flaute aufkommen, und die flachen Gewässer um die Inseln herum machen eine *navigation by eyeball*, eine Navigation „über den Daumen" gepeilt, möglich. INSIDER TIPP Die schönsten Segelreviere liegen vor St. Vincent und den Grenadinen. Windsurfen kann man praktisch überall. Fast alle Hotels leihen Surfbretter aus. Auf allen Inseln werden zu bestimmten Jahreszeiten Segelregatten und Surfmeisterschaften veranstaltet, inklusive Partys, ● stimmungsvollen Sunset Cruises und allen nur erdenklichen Offshore-Vergnügungen. Auskunft geben die Touristenbüros auf den jeweiligen Inseln.

Surfer kommen voll auf ihre Kosten

Anguilla: Sandy Island Enterprises | Sandy Ground | Tel. 264 4 97 56 43
Antigua: Yacht Club | Tel. 268 4 60 17 99 | www.antiguayachtclub. com
Grenada: Carib Cats | Tel. 473 4 44 32 22
St. Vincent: Grenadine Escape | Lower Bay | Bequia | Tel. 784 4 96 06 54 | www.grenadine-escape.com

TAUCHEN & SCHNORCHELN

Die Inseln mit ihren lebenden Korallenriffen, ihren klaren Gewässern, vielfältigen Fischbeständen und ungewöhnlichen Muschelarten sind ein Paradies für alle, die sich gerne unter Wasser bewegen. Für Taucher und Schnorchler wird hier vom Anfängerkurs bis zum Wracktauchen alles geboten. Ein besonderes Tauchparadies ist *Saba* mit seinen Unterwasserbergen, Schwarze-Korallen-Hainen und versunkenen Lavaströmen. Insgesamt 38 offizielle Tauchreviere werden hier von verschiedenen Organisationen zum Erkunden angeboten. Die Riffs der Gewässer um *St-Martin* sind weitgehend unbeschädigt, und der Unterwasserpark *Buck Island* bei St. Croix bietet ganze „Tauchwanderungen". Auch die Korallenschluchten bei *Canebay* lohnen auf St. Croix einen Tiefgang. Überdies kann man hier besonders gut Wrack- und Nachttauchen. Die Grenadinen sind ideal zum Schnorcheln. Vor allem *Canouan, Palm Island* und *Petit St. Vincent* haben viele Korallenriffs mit einer bunt schillernden Fischwelt. Gute Adressen:
Antigua: Dive Antigua | Tel. 268 4 62 34 83 | www.diveantigua.com

Abenteuer im Karibischen Meer – abtauchen in die exotische Unterwasserwelt

Barbados: Dive Barbados | Tel. 246 4 22 31 33 | www.divebarbados.net

British Virgin Islands: Blue Water Divers | Nanny Cay Dive Center | Road Town | Tortola | Tel. 284 4 94 28 47 | www.bluewaterdiversbvi.com

Dominica: Dive Dominica | Castle Comfort | Tel. 767 4 48 21 88 | www.divedominica.com

Saba: Saba Deep | Fort Bay | Tel. 599 4 16 33 47 | www.sabadeep.com

St. Croix: Cane Bay Dive Shop | Route 80 | Tel. 340 7 73 99 13 | www.canebayscuba.com

St. Lucia: The Moorings | Marigot Bay | Tel. 758 4 51 43 57

St-Martin: Octopus Diving | Grand Case | Tel. 590 590 29 11 27 | www.octopusdiving.com

St. Vincent: Dive St. Vincent | Tel. 784 4 57 47 14 | www.divestvincent.com

WANDERN & TREKKING

Die Vulkaninseln mit Regenwäldern und moderaten Klimaverhältnissen machen Wandern zu einem besonderen Erlebnis, mit tollen Blicken auf Meer und Nachbarinseln. Nach steilen Aufstiegen lockt auf manchen Inseln das Bad im Pool eines Wasserfalls. Das Ziel ist oftmals der Krater eines Vulkans. Auf geführte Touren haben sich u. a. spezialisiert:

Dominica: INSIDER TIPP *Dominica Tours | Anchorage Hotel | Tel. 767 4 48 26 38*

Guadeloupe: Les Heures Saines | Le Rocher de Malendure | Bouillante | Tel. 590 98 86 63 | www.ecotourisme-guadeloupe.org

St. Kitts: Greg's Safaris | Tel. 869 4 65 41 21 | www.gregssafaris,.com

St. Lucia: St. Lucia National Trust | Tel. 758 4 52 50 05

MIT KINDERN UNTERWEGS

Alle Kinder lieben den Strand und das Meer! Schwer vorstellbar also, dass sie sich in der Karibik nicht wohl fühlen könnten. Kinder sind auf den Inseln willkommen, und viele Hotels und Resorts haben in den letzten Jahren spezielle Kinderprogramme, sogenannte *kids klubs*, entwickelt, die für die Kleinen bestmögliche (und vor allem betreute) Unterhaltung bieten. Im Übrigen wird auf allen Inseln zur Festivalzeit ein *Kids Carnival* gefeiert, bei dem Kinderkostüme hergestellt und extra Kinderfestivitäten veranstaltet werden.

BARBADOS

BARBADOS WILDLIFE RESERVE

(152 C2) (*◻ H7*)

Im *Barbados Wildlife Reserve,* einem dicht bewaldeten Gehege, können Sie einheimische Tiere bewundern. Im Unterholz neben den schmalen Pfaden rascheln Landschildkröten ebenso wie die barbadischen Affen *(green monkeys)*. Ein kleiner Teich beherbergt Krokodile und Fischotter. Die größte Touristenattraktion aber ist eine INSIDER TIPP Freiflugvoliere, die durch eine Art Schleuse betreten wird. In der Voliere befinden sich Vögel aller Arten aus der Karibik und Südamerika. *Tgl. 10–17 Uhr (Busse fahren von Bridgetown, Speightstown und Bathsheba aus zum Farley Hill National Park) | Eintritt BDS$ 24*

RUM FACTORY AND HERITAGE PARK (BARBADOS)

(153 E5) (*◻ H7*)

Barbados' erste Zuckerfabrik wurde erst im 20. Jh. gebaut, die Plantage selbst ist allerdings schon gut 350 Jahre alt. Hier kann man den Prozess der Zuckerraffinade und der Rumherstellung verfolgen. Außerdem gibt es einen lohnenden Kunsthandwerksmarkt, ein Heimatmuseum, einen kleinen Streichelzoo, Ponyreiten und eine Kunstgalerie. *Foursquare Plantation | St. Philip | Tel. 246 4 20 19 77 | Mo–Fr 9–17, Sa 20–21, So 12–18 Uhr | Eintritt frei*

WINDWARD ISLANDS

WHALEWATCHING VOR DOMINICA

(146) (*◻ F4–5*)

Es ist zu 90 Prozent wahrscheinlich, auf einer geführten Bootstour Buckelwale, Orkas, Zwergwale oder Delphine zu Gesicht zu bekommen. Die meisten Spezies sieht man von November bis Februar, wenn die Wale in den wohltemperierten Gewässern vor der Insel ihre Kälber zur

Planschen pur: grenzenloses Wasservergnügen mit Sonnengarantie, dazu Affen, Schildkröten und bunte Fische

Welt bringen. Bester Touranbieter auf Dominica ist *The Anchorage Dive & Whale Watch Center (ca. US$ 50 pro Person | Anchorage Hotel | Castle Comfort | Tel. 767 4 48 21 88).*

PIGEON ISLAND VOR ST. LUCIA

(147 E1) (*M F6*)

Die mit St. Lucia durch einen Damm verbundene Insel war immer wieder Schauplatz der Geschichte: Hier wurden Überreste indianischer Ureinwohner gefunden, der Pirat Jambe de Bois (Holzbein) fand Unterschlupf in einer Höhle, von hier aus setzte Admiral Rodney 1782 Segel, um gegen die Franzosen zu kämpfen. Ruinen und Festungen belegen die unruhige Vergangenheit. Die beiden Strände laden zum Bad, es gibt ein Restaurant und Picknickplätze. Das Museum in der Offiziersmesse informiert über die historischen Geschehnisse. *Museum Mo–Sa 9–17 Uhr | Pigeon Island | St. Lucia National Trust | Tel. 758 4 52 50 05 | Eintritt US$ 5*

LEEWARD ISLANDS

AFFEN AUF ST. KITTS

(141 E5–6) (*M E3*)

Auf der Südhalbinsel von St. Kitts leben in den Hügeln Horden wilder Affen der Spezies Grüne Meerkatze *(Green Monkey)*. Ihre Population beträgt inzwischen das Doppelte der Einwohner von St. Kitts. Die Einheimischen verteufeln sie als „Obst- und Eierdiebe", trotzdem sind sie natürlich gern gesehene Clowns – eine echte Attraktion, nicht nur für Kinder.

VIRGIN ISLANDS

INSIDER TIPP CORAL WORLD MARINE PARK ● (136 C2) (*M B1*)

Nemo lässt grüßen: Auf St. Thomas können die Kinder durch riesige Glasscheiben das farbenprächtige Treiben der Fische und anderen Meerestiere in einem lebenden Korallenriff bestaunen. *Tgl. 9–16 Uhr | Eintritt US$ 19 | Route 6 Coki Point | www.coralworldvi.com*

EVENTS, FESTE & MEHR

Die Tradewinds vermögen es vielleicht, den karibischen Sommer einigermaßen kühl zu halten – gegen die Hitze des Carnivalfiebers kommen sie nicht an! Jede Insel hat „ihren" ★ ***Carnival*** zu einer bestimmten Jahreszeit. Dann ist im wahrsten Sinne des Wortes „der Teufel los", denn Satansmasken dürfen nicht fehlen. Die bunten, phantasievollen Kostüme werden auf den Straßen tanzend vorgestellt. Bei Kings- und Queensshows werden die Kandidaten an den Gewinnern des Vorjahres gemessen, nonstop untermalt von den Klängen der Steeldrums. Calypsosänger präsentieren ihre frechen Songs – eine westindische Tradition, bei der Politik und Tagesgeschehen musikalisch aufs Korn genommen werden. Alles ist in Bewegung, jeder lässt die Hüften kreisen *(wining)* und tanzt.

FESTE & VERANSTALTUNGEN

JANUAR

▶ ***Grenada Sailing Festival:*** Regatta mit Kunsthandwerksmarkt und Straßenfest

▶ ***Barbados Jazz Festival:*** internationale Musiker und einheimische Talente, *www.barbadosjazzfestival.com*

FEBRUAR

▶ ***Holetown Festival Barbados:*** Gedenktag für die ersten europäischen Siedler 1627

▶ INSIDER TIPP ***Carnival*** auf den Französischen Inseln

MÄRZ

▶ ***Carnival*** auf Dominica und Virgin Gorda

APRIL

▶ ***Oistins Fish Festival Barbados:*** großes Straßenfest im Fischerdorf Oistin mit Bootsrennen, Angelwettbewerben, Tanz

▶ INSIDER TIPP ***Sailing Week Antigua:*** mehr als 300 Boote aller Klassen treten zum Rennen an. *Info: www.sailing week.com*

▶ ***Carnival*** auf Sint Maarten, St. Thomas und St. Croix

▶ ***Spring Regatta:*** Bootsrennen zwischen den British Virgin Islands. *Info: www.bvispringregatta.org/BVI*

▶ ***Easter Regatta*** auf Grenada, Motorbootrennen, Dinghirennen, Musik

MAI

▶ INSIDER TIPP ***Jazzfestival*** auf St. Lucia, Open-Air-Veranstaltung mit riesigem Andrang; internationale Jazzlegenden

Ohne Musik geht nichts: Das wichtigste Fest auf allen Inseln ist der Carnival (Karneval) – karibisch bunt und laut

sowie Soca, Zouk, Reggae und Salsa. *www.stluciajazz.com*

▶ ***Carnival*** auf Barbuda

▶ ★ ***Foxy's Wooden Boat Regatta*** auf Jost van Dyke, Holzbootrennen in Great Harbour. *Info: www.foxysbar.com/home.html*

JUNI

▶ ● ***Carnival*** auf St. Vincent („Vincey Mas"), ein lebenslustiges Straßenspektakel (Ende Juni, Anfang Juli)

▶ ***St. Kitts Music Festival:*** Rock, Blues, Reggae, Calypso, Gospel, Rap. *Info: www.stkittsmusicfestival.net*

JULI

▶ ***Crop Over Festival*** auf Barbados, Paraden und Calypsowettbewerb zum Fest der Zuckerrohrernte. *www.barbados.org/cropover.htm*

▶ ● ***Carnival*** auf St. Vincent, Antigua, Saba, Sint Eustatius, St. John, St. Lucia

AUGUST

▶ ***Carnival*** auf Grenada, Tortola, Anguilla

▶ ***St. Lucia Racing Festival:*** Regatta, Party, Straßenfeste

SEPTEMBER

▶ ***National Dance Festival St. Vincent:*** klassischer Tanz, Volkstanz, Ballett, Steptanz

OKTOBER

▶ ***World Music Creol Festival*** auf Dominica, drei Tage kreolische Musik, Tanz, kulturelle Veranstaltungen. *Info: www.wcmfdominica.com*

NOVEMBER

▶ ***National Independence Festival of Creative Arts*** auf Barbados, Theater, Konzerte, Ausstellungen

DEZEMBER

▶ ***Carnival*** auf St. Kitts/Nevis

▶ ***Saba Days:*** Mini-Karneval mit Eselrennen, Steelbands und Tanz

ICH WAR SCHON DA!

Drei User aus der MARCO POLO Community verraten ihre Lieblingsplätze und ihre schönsten Erlebnisse

COCONUT COURT BEACH HOTEL

Wie im Bilderbuch lag der Hotelstrand vom *Coconut Court Beach Hotel (The Garrison Historic Area, Hastings)* im Südwesten von Barbados vor uns. Die Palmen stehen bis ans Meer und spenden in den Mittagsstunden angenehmen Schatten. Vom Hotel aus konnten wir zu Fuß am Strand entlang bis nach Bridgetown laufen. Eine besondere Empfehlung ist das Restaurant des Hotels, das täglich frische, traditionell bajanische Spezialitäten, wie z.B. den Flying Fish, serviert. Zudem bietet es einen traumhaften Blick auf den Strand sowie auf die Strandbar, die berühmt ist für ihren Barbados-Rumpunsch. **ia32 aus Alfter**

PAYNES BAY BEACH

Mein Lieblingsplatz ist die wunderschöne, naturbelassene Paynes Bay, einer der malerischsten und romantischsten Strände von Barbados. Der im westlichen Teil der Insel gelegene Strand eignet sich für lange Spaziergänge. Auch werden diverse Wassersportaktivitäten angeboten – eine Runde Jetski sollte man sich nicht entgehen lassen! **nessi aus Bornheim**

DOW'S HILL, ANTIGUA

Von der Festungsanlage Shirley Heights hatte ich einen tollen Blick über English Harbour. Sonntags treffen sich hier Einheimische und Touristen zum Barbecue mit Steelband. Im *Interpretation Center* lässt eine Multivisionsschau die Geschichte von Antigua und Barbuda Revue passieren. **amausb aus Kobern-Gondorf**

Haben auch Sie etwas Besonderes erlebt oder einen Lieblingsplatz gefunden, den nicht jeder kennt? Gehen Sie einfach auf www.marcopolo.de/mein-tipp

EIGENE NOTIZEN

LINKS, BLOGS, APPS & MORE

LINKS

▶ www.marcopolo.de/karibik-kleine-ant Alles auf einen Blick zu Ihrem Reiseziel: Interaktive Karten inklusive Planungsfunktion, Impressionen aus der Community, aktuelle News und Angebote ...

▶ www.carilat.de Anschaulich aufgemachtes Reisemagazin mit Artikeln, Berichten, Stories, Newslettern und Fotogalerien zu den Antillen

▶ www.definitivecaribbean.com Essen & Trinken, Restaurant-Reviews, Reisen, Musik, Tauchen, Yachtcharter, News und vieles mehr

▶ short.travel/kka1 Bei *reisen-experten.de* kann man sich z.B. über das Klima und das Wetter in der Karibik informieren. Außerdem gibt es Reiseinformationen, Last-Minute-Angebote, Flughafeninfos, Reiseweb, Reiseblogs und mehr

▶ www.karibik-info.de Die offizielle Tourismus-Website der Karibik bietet einen guten Überblick über Reiseziele, Hotels & Resorts, Flora & Fauna, Freizeitaktivitäten, Geschichte und Landesnatur; mit interaktiver Karte

BLOGS & FOREN

▶ www.scubaboard.com/forums/lesser-antilles Forum mit interessanten Tauchtipps, Inselvergleichen, Warnungen vor Nepp und Reinfällen, Infos zu Unterkünften, Reiseplanung, Cruises

▶ short.travel/kka2 Bei Holiday-Check gibt es Tipps zu den lohnendsten Zielen der Inseln, zu Wasser oder zu Lande. An-und Abfahrtszeiten von Fähren etc., Preise und vieles mehr

▶ www.travelblog.org/Central-America-Caribbean Hintergrundinformationen zu den einzelnen Inseln. Highlights, Hints und Tipps, Fotos, Blogs, Forum Topics (Engl.)

▶ www.arizonas-world.de/html/cele-karibik.html Persönlicher Blog eines Karibikkreuzfahrtpassagiers. Reiseberichte mit Karten und Fotos

Egal, ob Sie sich auf Ihre Reise vorbereiten oder vor Ort sind: Mit diesen Adressen finden Sie noch mehr Informationen, Videos und Netzwerke, die Ihren Urlaub bereichern. Da manche Adressen extrem lang sind, führt Sie der kürzere short.travel-Code direkt auf die beschriebenen Websites

BLOGS & FOREN

▶ www.shecaribbean.com Erstes karibisches Frauenmagazin, mit Home-Base St. Lucia. Mode, Kochen, Reisen, Berichte, Tipps für die westindische Weiblichkeit

▶ www.caribbean-on-line.com Alles über die Inseln, von Webcams bis Reisetipps, Reiseforen, Buch- und Reiseführertipps, Landkarten, Magazine, Wetter und User-Reviews

VIDEOS & PODCASTS

▶ short.travel/kka3 *Relax Best Caribbean Beach:* Karibik-Feeling pur! – ein Entspannungsvideo mit weißem Sandstrand, türkisblauem Meer und plätschernden Wellen ...

▶ short.travel/kka4 *Wunder der Karibik:* Inspirierende 10 Minuten lang werden die karibischen Inseln in prächtigen Farben und atemberaubenden Bildern vorgestellt. Ideal für triste Winterabende ...

▶ www.muzikmedia.com Top-Ten-Videos, karibische News, westindische Küche, Interviews, Events, Chatroom

APPS

▶ St. Lucia Adventure Guide Insider-Informationen jenseits der ausgetretenen Touristenpfade

▶ Antigua and Barbuda Islands Travel Guide Videos, Bilder, News von bzw. zu den Leeward Islands Antigua und Barbuda

▶ Barbados! Letzte News, Updates, Hotels, Mietwagen, Bilder, Videos und nützliche Reiseangebote

NETWORK

▶ www. facebook.com Alle Inseln der Kleinen Antillen haben inzwischen ihr eigenes Profil auf Facebook angelegt. Hier erfährt man alle Neuigkeiten der Inseln, erhält interessante Angebote, kann sich einstimmende Fotos ansehen und mit Gleichgesinnten chatten

▶ www.munduslingua.com Netzwerk für kulturellen Austausch und Sprachen (anmeldepflichtig).

PRAKTISCHE HINWEISE

ANREISE

Die Fluggesellschaften Air France, British Airways und KLM fliegen direkt oder mit einem Zwischenstopp auf die Kleinen Antillen. Air France fliegt Guadeloupe, Martinique und St-Martin an, British Airways Antigua, Barbados, Grenada und St. Lucia und KLM Sint Maarten. US-Gesellschaften bieten Linienflüge von verschiedenen deutschen Städten aus mit Zwischenstopp in den USA nach Antigua, Barbados, St. Lucia und St. Thomas an. Wenn Sie die nördlichen Kleinen Antillen bereisen wollen, können Sie auch mit American Airlines, British Airways oder Air France nach Puerto Rico und von da aus mit American Eagle oder Liat weiterfliegen.

Einen Flug von Deutschland nach Guadeloupe mit Air France bekommen Sie in der Nebensaison ab 800 Euro; in der Hochsaison über Weihnachten/Neujahr kostet er häufig über 1000 Euro. Ein Flug mit British Airways nach Antigua ist in der Nebensaison ab 700 Euro zu haben, Weihnachten/Neujahr ab 1200 Euro. Erkundigen Sie sich auch nach Charterflügen (Condor, LTU). Weiterflüge auf eine der kleineren Inseln sind mit Liat möglich (Flüge lassen sich schon in Europa buchen). Lassen Sie Ihren Rückflug 72 Stunden vorher bestätigen! Flugzeit (je nach Dauer des Zwischenstopps): 9–14 Stunden.

Wer sehr viel Zeit hat, kann auch als Passagier eines Frachters in die Karibik reisen. Eine 42-tägige Rundreise auf einem Vollcontainerschiff kostet z.B. gut 4000 Euro. Man kann auch nur eine einfache Passage buchen und dann auf einer der Inseln von Bord gehen (Einzelstrecke ca. 1995 Euro). *Frachtschiff-Reisen-Zentrum | Hamburg-Süd Reiseagentur | Domstr. 21 | 20095 Hamburg | Tel. 040 37 05 25 93 | www.hamburgsued-frachtschiffreisen.de*

GRÜN & FAIR REISEN

Auf Reisen können auch Sie mit einfachen Mitteln viel bewirken. Behalten Sie nicht nur die CO_2-Bilanz für Hin- und Rückflug im Hinterkopf *(www.atmosfair.de)*, sondern achten und schützen Sie auch nachhaltig Natur und Kultur im Reiseland *(www.gate-tourismus.de; www.zukunft-reisen.de; www.ecotrans.de)*. Gerade als Tourist ist es wichtig, auf Aspekte zu achten wie Naturschutz *(www.nabu.de; www.wwf.de)*, regionale Produkte, Fahrradfahren (statt Autofahren), Wassersparen und vieles mehr. Wenn Sie mehr über ökologischen Tourismus erfahren wollen: europaweit *www.oete.de*; weltweit *www.germanwatch.org*

AUSKUNFT

Die Touristenbüros der jeweiligen Inseln sind in den entsprechenden Kapiteln angegeben. Leider ändern sich die Adressen der Touristenbüros in Deutschland häufig.

ANGUILLA TOURIST BOARD

Vertreten durch Exclusive&Different | Orleansstr. 34 | 81667 München | Tel. 089 54 34 57 63 | www.anguilla-vacation.com

Von Anreise bis Zoll

Urlaub von Anfang bis Ende: die wichtigsten Adressen und Informationen für Ihre Karibik-Reise

ANTIGUA AND BARBUDA DEPARTMENT OF TOURISM
Thomasstr. 11 | 61348 Bad Homburg | Tel. 06172 215 04 | wwwkaribik.de/antigua-barbuda

BARBADOS TOURISM AUTHORITY
Sonnenstr. 9 | 80331 München | Tel. 089 23 66 21 39 | www.barbados.org

BRITISH VIRGIN ISLANDS TOURIST OFFICE
Schwarzbachstr. 32 | 40822 Mettmann | Tel. 02104 28 66 71 | www.bvitourism.com

DUTCH CARIBBEAN TRAVEL CENTER
Karlstr. 34 | 64288 Darmstadt | Tel. 06151 4 28 71 13 | www.dutch-caribbean.de

FRANZÖSISCHE ANTILLEN
Bethmannstr. 58 | 60311 Frankfurt/M. | Tel. 069 28 33 15 | www.lesilesdeguadeloupe.com

GRENADA BOARD OF TOURISM
Schenkendorfstr. 1 | 65187 Wiesbaden | Tel. 0611 2 67 67 20 | www.grenadagrenadines.com

ST. LUCIA TOURIST BOARD
c/o A.R.T. Marketing | Eckenheimer Landstr. 483 | 60435 Frankfurt/M. | Tel. 069 89 00 90 81 | www.stlucia.org

Als gemeinnütziger Verein organisierte Interessenvertretung für alle Karibischen Inseln in Deutschland:

ARBEITSGEMEINSCHAFT KARIBIK E. V.
Friedberger Anlage 21 | 60316 Frankfurt/M. | Tel. 069 40593777 | www.karibik.de

BUS

Busse sind ein viel genutztes Transportmittel. Haltestellen sind vor allem auf dem Land selten gekennzeichnet. Sie müssen danach fragen. Sagen Sie dem Busfahrer, wo Sie aussteigen wollen, und halten Sie Kleingeld bereit. Die Fahrer können meist nicht wechseln. Sie zahlen am Ziel.

WÄHRUNGSRECHNER

€	USD	USD	€
1	1,28	1	0,78
2	2,56	2	1,56
3	3,84	3	2,34
4	5,12	4	3,12
5	6,40	5	3,90
7	8,96	7	5,46
8	10,24	8	6,24
9	11,52	9	7,02
10	12,76	10	7,80

DIPLOMATISCHE VERTRETUNGEN

DEUTSCHE BOTSCHAFT
7–9 Marli Street | P. O. Box 828 | Port-of-Spain | Trinidad | Tel. 001 86 86 28 16 30 | www.port-of-spain.diplo.de

EINREISE

Europäer benötigen einen Reisepass und den Flugschein, der belegt, dass Sie das Land innerhalb von drei Monaten wieder verlassen. Normalerweise bekommen Touristen einen Aufenthaltsstempel für einen Monat. Wer länger bleiben will, muss sich nach Ablauf des Monats einen neuen Stempel *(ca. US $ 10)* im Immigration Office abholen. Am Flughafen oder im Flieger bekommt man eine *Immigration Card,* die man ausgefüllt wieder abgeben muss. Beim Abflug wird meist eine *Departure Tax (ca. US $ 10)* verlangt.

FOTOGRAFIEREN

Bevor Sie einen Einheimischen oder sein Haus fotografieren, sollten Sie ihn fragen, ob es ihn stört. Zwar reagieren die Bewohner der meisten Inseln im Allgemeinen auf dieses Ansinnen nicht so aggressiv wie z. B. auf Jamaika, trotzdem wird es als unhöflich empfunden, fremde Menschen ungefragt abzulichten.

GELD & WÄHRUNG

Auf den meisten Inseln der Kleinen Antillen wird mit dem East Caribbean Dollar („Ostkaribischer Dollar", Abkürzung EC $) bezahlt, obwohl der US-Dollar (US $) auch gerne genommen wird. Ausnahme sind die Virgin Islands (US $), die französischen Inseln (Euro), die niederländischen Inseln (Antillengulden, NAf) und Barbados (Barbadosdollar, BDS $). Ein bequemes und sicheres Zahlungsmittel sind Reiseschecks, die in allen Banken und in vielen Hotels eingelöst werden. Auch Kreditkarten der großen internationalen Organisationen werden inzwischen akzeptiert. Bei einigen Banken gibt es Geldautomaten, die man mit europäischen Karten nutzen kann.

GESUNDHEIT

Sie brauchen keine Impfungen. Empfehlenswert ist indes eine kombinierte Hepatitis- und eine Tetanusimpfung. Die medizinische Versorgung variiert von Insel zu Insel. Grundsätzlich wird man überall gut versorgt, in schlimmeren Fällen von einer kleinen Insel aus mit dem Hubschrauber auf die nächstgrößere mit Krankenhaus befördert. Schließen Sie auf jeden Fall eine Reisekrankenversicherung ab und nehmen Sie eine gut sortierte Reiseapotheke sowie Sonnencreme mit hohem Lichtschutzfaktor mit!

INSELHÜPFEN

Viele kleine Fluglinien verkehren zwischen den Inseln. Die beiden größten sind *Caribbean Airlines (Tel. 2 68 480 57 05 | www.caribbean-airlines.com)* und Liat *(Tel. 268 4 80 56 01 | www.liatairline.com)*. Von beiden Airlines gibt es für Inselhüpfer *Air-Passes*, die innerhalb einer befristeten Zeit zu einer bestimmten Anzahl verbilligter Flüge berechtigen. Die Airpässe sollten schon im europäischen Abflugland gebucht werden.

INTERNET

Das Internet ist in der Karibik bei allen verbreitet, die internationale Geschäfte treiben, d. h. Hotels, Charterfirmen, Wassersport- und Tauchunternehmen, Touristenbüros usw. haben meist eigene Websites. Viele größere Hotels haben *business rooms*, in denen sie Gästen PCs mit Internetanschluss gegen Gebühr zur Verfügung stellen. Von manchen Hauptpostämtern kann man E-Mails versenden. WLAN-Hotspots gibt es auf den Kleinen Antillen kaum. Einige der großen, internationalen Hotelketten haben WLAN-Einrichtungen, und in Barbados kann man sich am Grantley Adams International Airport kabellos einloggen.

Die interessantesten Websites: *www.caribsurf.com | www.carilat.de | www.turq.com | www.karibik.de | www.doitcaribbean.com | www.expedia.de/*

hotelkaribik | www.accuweather.com | www.caribbeannewspapers.com | www.reise-forum.weltreiseforum.de | www.scubanova.de

MASSE

Neben den englischen Maßeinheiten wie *miles* und *pounds* werden immer öfter Kilometer und Kilo gebraucht. 1 Meile = 1,609 km.

MIETWAGEN

Sie haben überall eine gute Auswahl an Fahrzeugen. Oft werden kleine japanische Geländewagen vermietet, die Sie buchen sollten, wenn Sie abseits der Hauptstraßen fahren möchten. Tagesmieten fangen bei ca. US $ 50 an. Bei wochenweiser Anmietung lassen die Preise deutlich nach. Wer nicht mit Kreditkarte bezahlt, muss in der Regel eine Kaution hinterlegen. Außerdem braucht man fast immer einen Inselführerschein, der aber sofort ausgestellt wird.

POST

Luftpost wird meist innerhalb einer Woche befördert, alles andere kann mehrere Wochen dauern. Die Postämter sind vormittags, Hauptpostämter auch nachmittags geöffnet.

REISEZEIT

Die Karibik kann das ganze Jahr über bereist werden. Der Sommer gilt als Regenzeit, die Temperaturen liegen bei 30 Grad. Im Spätsommer und im Herbst toben Hurrikane. Der Winter ist klimatisch am schönsten (obwohl es nachts manchmal kühl werden kann), dafür sind die Hotelpreise dann fast doppelt so hoch wie im Sommer.

SICHERHEIT

Bis auf die US-Virgin Islands gehören die Kleinen Antillen zu den sichersten Urlaubszielen überhaupt. Die meisten Einheimischen schließen weder ihre Haustür noch ihr Auto ab. Trotzdem ist es natürlich ratsam, keine Wertsachen offen im Hotel oder am Strand herumliegen zu lassen.

SPRACHE

Vermeiden Sie das US-amerikanische „Hi!", wenn Sie Einheimische begrüßen. Auf den Inseln ist es üblich (und höflich), „Good Morning", „Good Day", „Good Afternoon", „Good Evening" und (nach 19 Uhr) „Good Night" zu sagen.

STRASSENVERKEHR

Bis auf die holländischen und französischen Inseln gilt auf den Straßen Linksverkehr. Auf den Virgin Islands haben die Autos dennoch das Steuerrad auf der linken Seite. An schlecht überschaubaren Kurven wird meist gehupt, damit ein ent-

WAS KOSTET WIE VIEL?

Tauchen	50–80 Euro *für einen eintägigen Kurs*
Rum	8 Euro *für eine Flasche Mount Gay Rum*
Wasser	1,50 Euro *für ein Mineralwasser*
Imbiss	7–9 Euro *für Sandwich/Burger*
Cocktail	6–10 Euro *im Restaurant/Bar*
Busfahrt	1 Euro *für eine Busfahrkarte*

gegenkommendes Fahrzeug gewarnt ist. Es empfiehlt sich unbedingt, vorsichtig und langsam zu fahren. Heftige Regenfälle und Stürme reißen immer wieder Schlaglöcher auf oder wehen Hindernisse auf die Straße, und überall können Ihnen Tiere über den Weg laufen.

STROM

Die Netzspannung variiert auf den einzelnen Inseln und sogar von Hotel zu Hotel zwischen 110 und 220 Volt. Auch die Stecker sind auf den einzelnen Inseln unterschiedlich. Es empfiehlt sich, einen internationalen Adapter mitzunehmen.

TAXI

Es gibt auf allen Inseln genug Taxis. Den Fahrpreis sollten Sie passend bereithalten. Eine billige Alternative ist das Sammeltaxi. Es heißt im französischen Sprachraum *Public* oder *Tap Tap,* auf den englischsprachigen Inseln *Jitney*, *Cab* oder *Bus*. Bezahlen müssen Sie individuell.

TELEFON & HANDY

Das Telefonieren erfolgt über Satellit, somit ist die Verständigung ausgezeichnet. Eine Minute nach Mitteleuropa kostet ca.

WETTER AUF MARTINIQUE

	Jan.	Feb.	März	April	Mai	Juni	Juli	Aug.	Sept.	Okt.	Nov.	Dez.
Tagestemperaturen in °C	28	29	29	30	31	30	30	31	31	31	30	29
Nachttemperaturen in °C	21	21	21	22	23	23	23	23	23	23	22	22
Sonnenschein Stunden/Tag	8	8	8	8	8	7	7	8	7	7	7	7
Niederschlag Tage/Monat	21	17	18	19	21	24	27	25	23	23	22	23
Wassertemperaturen in °C	26	26	27	27	27	27	28	28	28	28	28	27

Karibische Cocktails – nicht nur bunt, sondern auch lecker

US$3. Jede Insel verkauft ihre eigenen Telefonkarten, die an öffentlichen Fernsprechern (meist beim Postoffice) benutzt werden können. Die Vorwahlen für Deutschland, Österreich und die Schweiz lauten: 01149 (D), 01143 (A), 01141 (CH). Die Vorwahl für die Antillen ist 001. Die Vorwahlen für die einzelnen Inseln sind im Band angegeben. Nur wenige deutsche Handy-Anbieter haben Roaming-Verträge mit den Kleinen Antillen.

TRINKGELD

Oft ist auf Gastronomierechnungen ein Bedienungszuschlag *(service charge)* bereits ausgewiesen. Andernfalls sind 10 bis 15 Prozent üblich. Auch bei den oft selbst ernannten Sightseeing-Führern sollte man nicht kleinlich sein. Bei den All-Inclusive-Resorts empfiehlt es sich, zum Schluss ein kleines Trinkgeld fürs Personal zu hinterlassen.

ZEIT

Auf den Kleinen Antillen gilt die *Eastern Standard Time* (Mitteleuropäische Zeit minus 5 Std. bzw. minus 6 Std. zur Sommerzeit).

ZOLL

Die Vorschriften unterscheiden sich je nach Territorium. Meist dürfen 200 Zigaretten, 50 Zigarren oder 250 g Tabak, 1 l Alkohol und Geschenke im Wert von US$ 100 mitgebracht werden. Verboten ist die Einfuhr von Fleisch, Obst, Rauschgift und Waffen. In die EU eingeführt werden dürfen Waren für den persönlichen Bedarf im Wert von bis zu 430 Euro, 2 l Wein oder 2 l andere Alkoholika bis 22 Prozent, 50 g Parfüm, 0,25 l Eau de Toilette, 500 g Kaffee sowie 200 Zigaretten oder 100 Zigarillos, oder 50 Zigarren oder 250 g Tabak.

SPRACHFÜHRER ENGLISCH

AUSSPRACHE

Zur Erleichterung der Aussprache sind alle englischen Wörter mit einer einfachen Aussprache (in eckigen Klammern) versehen. Folgende Zeichen sind Sonderzeichen:

θ hartes [s] (gesprochen mit Zungenspitze an der oberen Zahnreihe, zischend)

D weiches [s] (gesprochen mit Zungenspitze an der oberen Zahnreihe, summend)

' nachfolgende Silbe wird betont

ə angedeutetes [e] (wie in „Bitte")

AUF EINEN BLICK

ja/nein/vielleicht	yes [jäs]/no [nəu]/maybe [mäibi]
bitte/danke	please [plihs]/thank you [θänkju]
Entschuldige!	Sorry! [Sori]
Entschuldigen Sie!	Excuse me! [Iks'kjuhs mi]
Darf ich ...?	May I ...? [mäi ai ...?]
Wie bitte?	Pardon? ['pahdn?]
Ich möchte .../Haben Sie ...?	I would like to ...[ai wudd 'laik tə ...]/ Have you got ...? ['Həw ju got ...?]
Wie viel kostet ...?	How much is ...? ['hau matsch is ...]
Das gefällt mir (nicht).	I (don't) like this. [Ai (dəunt) laik Dis]
gut/schlecht	good [gud]/bad [bäd]
offen/geschlossen	open ['oupän]/closed ['klousd]
kaputt/funktioniert nicht	broken ['brəukən]/doesn't work ['dasənd wörk]
Hilfe!/Achtung!/Vorsicht!	Help! [hälp]/ Caution! ['koschən]

BEGRÜSSUNG & ABSCHIED

Guten Morgen!/Tag!	Good morning! [gud 'mohning]/ afternoon! [aftə'nuhn]
Gute(n) Abend!/Nacht!	Good evening! [gud 'ihwning]/night! [nait]
Hallo!/Auf Wiedersehen!	Hello! [hə'ləu]/Goodbye! [gud'bai]
Tschüss!	Bye! [bai]
Ich heiße ...	My name is ... [mai näim is ...]
Wie heißen Sie/heißt Du?	What's your name? [wots jur näim?]
Ich komme aus ...	I'm from ... [Aim from ...]

Do you speak English?

„Sprichst du Englisch?" Dieser Sprachführer hilft Ihnen, die wichtigsten Wörter und Sätze auf Englisch zu sagen

DATUMS- & ZEITANGABEN

Montag/Dienstag	monday ['mandäi]/tuesday ['tjuhsdäi]
Mittwoch/Donnerstag	wednesday ['wänsdäi]/thursday ['θöhsdäi]
Freitag/Samstag	friday ['fraidäi]/saturday ['sätərdäi]
Sonntag/Werktag	sunday ['sandäi]/weekday ['wihkdäi]
Feiertag	holiday ['holidäi]
heute/morgen/gestern	today [tə'däi]/tomorrow [tə'morəu]/yesterday ['jästədäi]
Stunde/Minute	hour ['auər]/minutes ['minəts]
Tag/Nacht/Woche	day [däi]/night [nait]/week [wihk]
Monat/Jahr	month [manθ]/year [jiər]
Wie viel Uhr ist es?	What time is it? [wot 'taim is it?]
Es ist drei Uhr.	It's three o'clock. [its θrih əklok]

UNTERWEGS

links/rechts	left [läft]/right [rait]
geradeaus/zurück	straight ahead [streit ə'hät]/back [bäk]
nah/weit	near [niə]/far [fahr]
Eingang/Einfahrt	entrance ['äntrənts]/driveway ['draifwäi]
Ausgang/Ausfahrt	exit [ägsit]/exit [ägsit]
Abfahrt/Abflug/Ankunft	departure [dih'pahtschə]/departure [dih'pahtschə]/ arrival [ə'raiwəl]
Darf ich Sie fotografieren?	May I take a picture of you? [mäi ai täik ə 'piktscha of ju?]
Wo ist ...?/Wo sind ...?	Where is ...? ['weə is...?]/Where are ...? ['weə ahr ...?]
Toiletten/Damen/Herren	toilets ['toilət] (auch: restrooms [restruhms])/ladies ['läidihs]/gentlemen ['dschäntlmən]
Bus/Straßenbahn	bus [bas]/tram [träm]
U-Bahn/Taxi	underground ['andəgraunt]/taxi ['tägsi]
Parkplatz/Parkhaus	parking place ['pahking pläis]/car park ['kahr pahk]
Stadtplan/(Land-)Karte	street map [striht mäp]/map [mäp]
Bahnhof/Hafen	(train) station [(träin) stäischən]/harbour [hahbə]
Flughafen	airport ['eəpohrt]
Fahrplan/Fahrschein	schedule ['skädjuhl]/ticket ['tikət]
Zug/Gleis	train [träin]/track [träk]
einfach/hin und zurück	single ['singəl]/return [ri'törn]
Ich möchte ... mieten.	I would like to rent ... [Ai wud laik tə ränt ...]
ein Auto/ein Fahrrad	a car [ə kahr]/a bicycle [ə 'baisikl]
Tankstelle	petrol station ['pätrol stäischən]
Benzin/Diesel	petrol ['pätrəl]/diesel ['dihsəl]
Panne/Werkstatt	breakdown [bräikdaun]/garage ['gärasch]

ESSEN & TRINKEN

Reservieren Sie uns bitte für heute Abend einen Tisch für vier Personen.	Could you please book a table for tonight for four? [kudd juh 'plihs buck ə 'täibəl for tunait for fohr?]
Die Speisekarte, bitte.	The menue, please. [Də 'mänjuh plihs]
Könnte ich bitte ... haben?	May I have ...? [mäi ai häw ...?]
Messer/Gabel/Löffel	knife [naif]/fork [fohrk]/spoon [spuhn]
Salz/Pfeffer/Zucker	salt [sohlt]/pepper ['päppə]/sugar ['schuggə]
Essig/Öl	vinegar ['viniga]/oil [oil]
Milch/Sahne/Zitrone	milk [milk]/cream [krihm]/lemon ['lämən]
mit/ohne Eis/Kohlensäure	with [wiD]/without ice [wiD'aut ais]/gas [gäs]
Vegetarier(in)/Allergie	vegetarian [wätschə'täriən]/allergy ['ällədschi]
Ich möchte zahlen, bitte.	May I have the bill, please? [mäi ai häw De bill plihs]
Rechnung/Quittung	invoice ['inwois]/receipt [ri'ssiht]

EINKAUFEN

Wo finde ich ...?	Where can I find ...? [weə kän ai faind ...?]
Ich möchte .../Ich suche ...	I would like to ... [ai wudd laik tu]/I'm looking for ... [aim luckin foə]
Brennen Sie Fotos auf CD?	Do you burn photos on CD? [Du ju börn 'fəutəus on cidi?]
Apotheke/Drogerie	pharmacy ['farməssi]/chemist ['kemist]
Bäckerei/Markt	bakery ['bäikəri]/market ['mahkit]
Lebensmittelgeschäft	grocery ['grəuscheri]
Supermarkt	supermarket ['sjupəmahkət]
100 Gramm/1 Kilo	100 gram [won 'handrəd gräm]/1 kilo [won kiləu]
teuer/billig/Preis	expensive [iks'pänsif]/cheap [tschihp]/price [prais]
mehr/weniger	more [mor]/less [läss]
aus biologischem Anbau	organic [or'gännik]

ÜBERNACHTEN

Ich habe ein Zimmer reserviert.	I have booked a room. [ai häw buckt ə ruhm]
Haben Sie noch ...?	Do you have any ... left? [du ju häf änni ... läft?]
Einzelzimmer	single room ['singəl ruhm]
Doppelzimmer	double room ['dabbəl ruhm] (Bei zwei Einzelbetten: twin room ['twinn ruhm])
Frühstück/Halbpension	breakfast ['bräckfəst]/half-board ['hahf boəd]
Vollpension	full-board [full boəd]
Dusche/Bad	shower ['schauər]/bath [bahθ]
Balkon/Terrasse	balcony ['bälkəni]/terrace ['tärräs]
Schlüssel/Zimmerkarte	key [ki]/room card ['ruhm kahd]
Gepäck/Koffer/Tasche	luggage ['laggətsch]/ suitcase ['sjutkäis]/bag [bäg]

BANKEN & GELD

Bank/Geldautomat	bank [bänk]/ATM [äi ti äm]/cash machine ['käschməschin]
Geheimzahl	pin [pin]
Ich möchte ... Euro wechseln.	I'd like to change ... Euro. [aid laik tu tschäindsch ... iuhro]
bar/ec-Karte/Kreditkarte	cash [käsch]/ATM card [äi ti äm kahrd]/credit card [krädit kahrd]
Banknote/Münze	note [nout]/coin [koin]
Wechselgeld	change [tschäindsch]

TELEKOMMUNIKATION & MEDIEN

Ich suche eine Prepaid-karte.	I'm looking for a prepaid card. [aim 'lucking fohr ə 'pripäid kahd]
Wo finde ich einen Internetzugang?	Where can I find internet access? [wär känn ai faind 'internet 'äkzäss?]
Brauche ich eine spezielle Vorwahl?	Do I need a special area code? [du ai nihd ə 'späschəl 'äria koud?]
Computer/Batterie/Akku	computer [komp'jutə]/battery ['bättəri]/rechargeable battery [ri'tschahdschəbəl 'bättəri]
At-Zeichen („Klammeraffe")	at symbol [ät 'simbəl]
Internetanschluss/WLAN	internet connection ['internet kə'näktschən]/Wifi [waifai] (auch: Wireless LAN ['waərläss lan])
E-Mail/Datei/ausdrucken	email ['imäil]/file [fail]/ print [print]

ZAHLEN

0	zero ['sirou]	18	eighteen [äi'tihn]
1	one [wan]	19	nineteen [nain'tihn]
2	two [tuh]	20	twenty ['twänti]
3	three [θri]	21	twenty-one ['twänti 'wan]
4	four [fohr]	30	thirty [θör'ti]
5	five [faiw]	40	fourty [fohr'ti]
6	six [siks]	50	fifty [fif'ti]
7	seven ['säwən]	60	sixty [siks'ti]
8	eight [äit]	70	seventy ['säwənti]
9	nine [nain]	80	eighty ['äiti]
10	ten [tän]	90	ninety ['nainti]
11	eleven [i'läwn]	100	(one) hundred [('wan) 'handrəd]
12	twelve [twälw]	200	two hundred ['tuh 'handrəd]
13	thirteen [θör'tihn]	1000	(one) thousand [('wan) θausənd]
14	fourteen [fohr'tihn]	2000	two thousand ['tuh θausənd]
15	fifteen [fif'tihn]	10000	ten thousand ['tän θausənd]
16	sixteen [siks'tihn]	1/2	a/one half [ə/wan 'hahf]
17	seventeen ['säwəntihn]	1/4	a/one quarter [ə/wan 'kwohtə]

SPRACHFÜHRER FRANZÖSISCH

AUSSPRACHE

Zur Erleichterung der Aussprache sind alle französischen Wörter mit einer einfachen Aussprache in eckigen Klammern versehen.

AUF EINEN BLICK

ja/nein/vielleicht	oui [ui]/non [nong]/peut-être [pöhtätr]
bitte/danke	s'il vous plaît [ßil wu plä]/merci [märßih]
Gute[n] Morgen/Tag!/ Abend!/Nacht!	Bonjour! [bongschuhr!]/Bonjour! [bongschuhr!]/ Bonsoir! [bongßoar!]/Bonne nuit! [bonn nüi!]
Hallo!/Auf Wiedersehen!/ Tschüss!	Salut! [ßalü!]/Au revoir! [o rövoar!]/Salut! [ßalü!]
Entschuldigung!	Pardon! [pardong]
Ich heiße ...	Je m'appelle ... [schö mapäll ...]
Ich komme aus ...	Je suis de ... [schö süi dö ...]
Darf ich ...?	Puis-je ...? [püi schö?]
Wie bitte?	Comment? [kommang?]
Ich möchte .../Haben Sie?	Je voudrais ... [schö wudrä]/Avez-vous? [aweh wu]
Wie viel kostet ...?	Combien coûte ...? [kombjäng kuht ...?]
Das gefällt mir (nicht).	Ça (ne) me plaît (pas). [ßa (nö) mö plä (pa)]
gut/schlecht/kaputt	bon [bong]/mauvais [mowä]/cassé [kaßeh]
zu viel/viel/wenig	trop [troh]/beaucoup [bokuh]/peu [pöh]
alles/nichts	tout [tuh]/rien [riäng]
Hilfe!/Achtung!	Au secours [o ßökuhr]/attention[attangßjong]
Polizei/Feuerwehr/ Krankenwagen	police [poliß]/pompiers [pompieh]/ ambulance [ambülangß]

DATUMS- & ZEITANGABEN

Montag/Dienstag	lundi [längdi]/mardi [mardi]
Mittwoch/Donnerstag	mercredi [märcrödi]/jeudi [schödi]
Freitag/Samstag/ Sonntag	vendredi [vangdrödi]/samedi [ßamdi]/ dimanche [dimangsch]
Werktag/Feiertag	jour ouvrable [schur uwrabl]/jour férié [schur ferieh]
heute/morgen/gestern	aujourd'hui [oschurdüi] /demain[dömäng]/hier [jähr]
Stunde/Minute	heure [öhr]/minute [minüt]
Tag/Nacht/Woche	jour [schur]/nuit [nüi]/semaine [ßömän]
Monat/Jahr	mois [moa]/année [aneh]

Tu parles français?

„Sprichst du Französisch?“ Dieser Sprachführer hilft Ihnen, die wichtigsten Wörter und Sätze auf Französisch zu sagen

Wie viel Uhr ist es?	Quelle heure est-t-il? [käl ör ät il]
Es ist drei Uhr	Il est trois heures [il ä troasör]
Es ist halb vier	Il est trois heures et demi [il ä troasör e dömi]
Viertel vor vier	quatre heures moins le quart [katrör moäng lö kar]
Viertel nach vier	quatre heures et quart [katrör e kar]

UNTERWEGS

offen/geschlossen	ouvert [uwär]/fermé [färmeh]
Eingang/Einfahrt	entrée [angtreh]
Ausgang/Ausfahrt	sortie [ßorti]
Abfahrt/Abflug/Ankunft	départ [depahr]/départ [depahr]/arrivée [arriweh]
Toiletten/Damen/Herren	toilettes [toalett]/femmes [famm]/hommes [omm]
(kein) Trinkwasser	eau (non) potable [o (nong) potabl]
Wo ist ...?/Wo sind ...?	Où est ...? [u ä]/Où sont ...? [u ßong ...]
links/rechts	à gauche [a gohsch]/à droite [a droat]
geradeaus/zurück	tout droit [tu droa]/en arrière [ong arriähr]
nah/weit	près [prä]/loin [loäng]
Bus/Straßenbahn/ U-Bahn/Taxi	bus [büß]/tramway [tramwäi]/métro [mehtro]/taxi [takßi]
Haltestelle/Taxistand	arrêt [arrä]/station de taxi [ßtaßjong dö takßi]
Parkplatz/Parkhaus	parking [parking]
Stadtplan/[Land-]Karte	plan de ville [plang dö vil]/carte routière [kart rutjähr]
Bahnhof/Hafen/Flughafen	gare [gahr]/port [pohr]/aéroport [aeropohr]
Fahrplan/Fahrschein	horaire [orär]/billet [bije]
einfach/hin und zurück	aller simple [aleh ßämpl]/aller-retour [aleh rötuhr]
Zug/Gleis/Bahnsteig	train [träng]/voie [woa]/quai [käh]
Ich möchte ... mieten.	Je voudrais ... louer. [schö wudräh... lueh]
ein Auto/ein Fahrrad/ ein Boot	une voiture [ün woatür]/un vélo [äng weloh]/ un bateau [äng batoh]
Tankstelle	station d'essence [ßtaßjong deßangß]
Benzin/Diesel	essence [eßangß]/diesel [diesäl]
Panne/Werkstatt	panne [pann]/garage [garahsch]

ESSEN & TRINKEN

Die Speisekarte, bitte.	La carte, s'il vous plaît. [la kart ßil wu plä]
Könnte ich bitte ... haben?	Puis-je avoir ... s'il vous plaît [püischö awoar ... ßil wu plä]
Flasche/Karaffe/Glas	bouteille [buteij]/carafe [karaf]/verre [wär]
Messer/Gabel/Löffel	couteau [kutoh]/fourchette [furschät]/cuillère [küijär]
Salz/Pfeffer/Zucker	sel [ßäl]/poivre [poawr]/sucre [ßükr]

Essig/Öl	vinaigre [winägr]/huile [üil]
Milch/Sahne/Zitrone	lait [lä]/crême [kräm]/citron [ßitrong]
kalt/versalzen/nicht gar	froid [froa]/trop salé [tro ßaleh]/pas cuit [pa küi]
mit/ohne Eis/Kohlensäure	avec [awäk]/sans [ßang] glaçons/gaz [glaßong/gaß]
Vegetarier(in)	végétarien(ne) [weschetarijäng/weschetarijänn]
Ich möchte zahlen, bitte.	Je voudrais payer, s'il vous plaît. [schön wudrä pejeh, ßil wu plä]
Rechnung/Quittung	addition [adißjong]/reçu [rößü]

EINKAUFEN

Apotheke/Drogerie	pharmacie [farmaßi]/droguerie [drogöri]
Bäckerei/Markt	boulangerie [bulangschöri]/marché [marscheh]
Einkaufszentrum	centre commercial [ßangtre komerßial]
Kaufhaus	grand magasin [grang magasäng]
100 Gramm/1 Kilo	cent grammes [ßang gramm]/un kilo [äng kilo]
teuer/billig/Preis	cher [schär]/bon marché [bong marscheh]/prix [pri]
mehr/weniger	plus [plüß]/moins [moäng]
aus biologischem Anbau	de l'agriculture biologique [dö lagrikültür bioloschik]

ÜBERNACHTEN

Ich habe ein Zimmer reserviert	J'ai réservé une chambre [scheh reserweh ün schangbr]
Haben Sie noch ...?	Avez-vous encore ...? [aweh wusangkor ...]
Einzel-/Doppelzimmer/	chambre simple/double [schangbr ßämplö/dublö]
Frühstück	petit déjeuner [pöti deschöneh]
Halbpension/Vollpension	demi-pension [dömi pangßjong]/pension complète [pangßjong kompIät]
Dusche/Bad	douche [dusch]/bain [bäng]
Balkon/Terrasse	balcon [balkong] /terrasse [teraß]
Schlüssel/Zimmerkarte	clé [kleh]/carte magnétique [kart manjetik]
Gepäck/Koffer/Tasche	bagages [bagahsch]/valise [walis]/sac [ßak]

BANKEN & GELD

Bank/Geldautomat/ Geheimzahl	banque [bangk]/guichet automatique [gischeh otomatik]/code [kodd]
bar/Kreditkarte	comptant [komtang]/carte de crédit [kart dö kredi]
Banknote/Münze	billet [bijeh]/monnaie [monä]

GESUNDHEIT

Arzt/Zahnarzt/Kinderarzt	médecin [medßäng]/dentiste [dangtißt]/pédiatre [pediaträ]
Krankenhaus/Notfallpraxis	hôpital [opital]/urgences [ürschangß]

Fieber/Schmerzen	fièvre [fiäwrö]/douleurs [dulör]
Durchfall/Übelkeit	diarrhée [diareh]/nausée [noseh]
Sonnenbrand	coup de soleil [ku dö ßolej]
entzündet/verletzt	enflammé [angflameh]/blessé [bleßeh]
Pflaster/Verband	pansement [pangßmang]/bandage [bangdahsch]
Salbe/Schmerzmittel	pommade [pomad]/analgésique [analschesik]

TELEKOMMUNIKATION & MEDIEN

Briefmarke	timbre [tämbrö]
Brief/Postkarte	lettre [lätrö]/carte postale [kart poßtal]
Ich brauche eine Telefonkarte fürs Festnetz.	J'ai besoin d'une carte téléphonique pour fixe. [scheh bösoäng dün kart telefonik pur fiekß]
Ich suche eine Prepaidkarte für mein Handy.	Je cherche une recharge pour mon portable. [schö schärsch ün röscharsch pur mong portablö]
Wo finde ich einen Internetzugang?	Où puis-je trouver un accès à internet? [u püische truweh äng akßä a internet]
wählen/Verbindung/besetzt	composer [komposeh]/connection [konekßiong]/occupé [oküpeh]
Steckdose/Ladegerät	prise électrique [pris elektrik]/chargeur [scharschör]
Computer/Batterie/Akku	ordinateur [ordinatör]/batterie [battri]/accumulateur [akümülatör]
At-Zeichen	arobase [arobaß]
Internet-/E-Mail-Adresse	adresse internet/mail [adräß internet/mejl]
Internetanschluss/WLAN	accès internet [akßä internet]/wi-fi [wifi]
E-Mail/Datei/ausdrucken	mail [mejl]/fichier [fischjeh]/imprimer [ämprimeh]

FREIZEIT, SPORT & STRAND

Strand	plage [plahsch]
Sonnenschirm/Liegestuhl	parasol [paraßol]/transat [trangßat]
Ebbe/Flut/Strömung	marée basse [mareh baß]/marée haute [mareh ot]/courant [kurang]
Seilbahn/Sessellift	téléphérique [teleferik]/télésiège [teleßiäsch]
Schutzhütte/Lawine	refuge [röfüsch]/avalanche [avalangsch]

ZAHLEN

0	zéro [sero]	8	huit [üit]
1	un, une [äng, ühn]	9	neuf [nöf]
2	deux [döh]	10	dix [diß]
3	trois [troa]	20	vingt [väng]
4	quatre [katr]	100	cent [ßang]
5	cinq [ßänk]	1000	mille [mil]
6	six [ßiß]	½	un[e] demi[e] [äng/ühn dömi]
7	sept [ßät]	¼	un quart [äng kar]

REISEATLAS

Die grüne Linie ▬ zeichnet den Verlauf der Ausflüge & Touren nach

Der Gesamtverlauf aller Touren ist auch in der herausnehmbaren Faltkarte eingetragen

Bild: Mamelles-Aussichtspunkt, Guadeloupe

Unterwegs in der Karibik

Die Seiteneinteilung für den Reiseatlas finden Sie auf dem hinteren Umschlag dieses Reiseführers

A
B
C
1
2
3
4
5
6
Virgin Islands
3 km
ATLANTIC OCEAN
BRITISH VIRGIN ISLANDS
US VIRGIN ISLANDS
Towing
The Hollo
Bail
Grou
Guana Island
246
Little
Camano
Tortol
Angilla
Point
Josiahs
Bay
Balsum Ghut
268
Rough Point
Brewers Bay
Great Mt.
352
Wesley Will
East End
408
379
Botanic Gardens
ROAD
TOWN
Long Swa
Maya Co
Buck
Nora Hazel Po
Callwood
Mount Sage
Destillery
National Park
459
Leonards
Mt. Sage
523
513
Fort
Charlotte
Road
Bay
Kingstown
Apple B.
Belmont Point
Smugglers
Cove
Freshwater
Pond
Fort
Recovery
Nannie Cay
West End
Sopers
Great Thatch
Island
187
Little Thatch I.
Frenchman's Cay
Sir Francis Drake Ch
Great
Harbour
Point
Dead
Chest
Little
Harbour
Rock Hole
118
Rogers Pt.
Key Pt.
Big Reef B
Peter Isl
Pelican
Island
117
Little Reef
Flanagan
Island
Treasure
Pt.
130
Norman Island
Passage
Flanagan
Great Tobago
Northern
Point
160
147
West End Point
40
Little Tobago
Hollow Point
321
Great
Harbour
White Bay
Jost van Dyke
Little Jost
van Dyke
94
Green Cay
Sandy Cay
Cane Garden Bay
1
15
Congo
Cay
Grass
Cay
Mingo
Cay
St. Thomas
Cruz
Bay
Annaberg
Ruins
The Narrows
Underwater
Trail
Mamey Peak
350
Emmaus
Coral
Bay
Calabash Boom
Johns Folly
Leduck
Island
Sugar Mill
Ruins
Virgin Islands
National Park
St. John

137

D
E
F
1
2
3
4
5
6
Windkiss Bight
Flamingo Pond
West End Point
Red Pond
Loblolly High Point
Bird Sanctuary
Pomato Point
Setting Point
The Settlement
Budrock Pond
Anegada
White Bay
East Point
Necker Island
Mosquito Island
Prickly Pear Island
Seal Dogs
Eustatia Island
Mountain Pt.
Pajaros Point
Long Bay
North Sound
rth Bay Bluff
George Dog
Great Camanoe I.
Great Dog
Virgin Gorda Peak
Berchers Bay
West Dog
414
Berchers Bluff
Gorda Peak N.P.
North East
Mahoe Bay
South Sound
East End
Savannah Bay
Blowing Pt.
South Sound Bluff
Scrub Island
Black Point
rina Cay
Colison Pt.
Point
Taylors Bay
Virgin Gorda
Spanish Town
224
Cooper Mine Bay
N.P.
Beef Island
Spring Bay
77
The Baths
The Bluff
Crooks Bay
Devil Bay N.P.
Fallen Jerusalem National Park
Fallen Jerusalem
Round Rock Passage
13
Quart-a-Nancy Pt.
Round Rock
Cooper Island
107
Ginger Island
155
Markoe Pt.
Salt Island Bluff
1
assage
Caribbean Sea
14

A
B
C
1
2
3
4
5
6
Virgin Islands
Caribbean Sea
U.S. VIRGIN ISLANDS
Cockroach Island
Cricket Rock
Dutchcap Passage
Dutchcap Cay
Gorret Rock
Salt Cay Passage
West Cay
Salt Cay
Kalkum Cay
Savana Passage
Saltwater Money Rock
Savanna Island
Outer Brass Island
Brass Channel
Lizard Rocks
Inner Brass Island
Ornen Rock
Hans Lollik Island
Little Hans Lollik Island
Coconut Bay
Hans Lollik Rock
Leeward Passage
Lovenlund Bay
Magens Bay
Botanical Garden
Virgin Islands National Park
Bordeaux Hill
212
275
Fortuna Hill
Fortuna
30
Bonne Esperance
33
522
Signal Hill
St. Peter
Mountain Top
42
Wintberg Peak
293
Tutu Bay
The Tunnels
New
East End
40
Reichhold Center for the Arts
Brewers Bay
South Side
CHARLOTTE AMALIE
Frenchtown
Hassel
38
Tut
Nadir
St. Thomas
Lindbergh Beach
Virgin Islands National Park
Frenchmans Reef
264
Nulliberg
Frenchmans Bay
Flat Cays
Turtledove Cay
Porpoise Rocks
Saba Island
Water Island
Green Cay
Bolongo Bay
Long Point
3 km
Cuba, Dom. Republic
Panama Mex.
Venezuela
Trinidad
Europe
St. Croix
Caribbean Sea
Cane Bay
80
Hydrolab
Kirkegaard
301
Hams Bluff
Davis Bay
Mount Eagle
355
Northside
Blue Mountain
334
Glynn
Annaly
69
Mon Bijou
Rain Forest
76
Grove Place
Fredensborg
Kings-hill
70
St. George Botanical Garden
Fort Frederik
Frederiksted
Cruzan Rum Factory
Profit
70
Estate Whim Plantation Museum
Williams Delight
Alexander Hamilton Airport
Campo-rico
Long Point Bay
Carlton Beach
Sandy Point
South West Cape
3 km
U.S. VIRGIN ISLANDS

D
E
F
134
1
2
3
4
5
6
Hollow Point
Little Jost van Dyke
Tobago
Rough Point
West End Point
Great Harbour
Green Cay
Brewers Bay
White Bay
Sandy Cay
ROAD TOWN
Jost van Dyke
Du Bois Point
Tobago
Cane Garden Bay
Botanic Gardens
Tortola
Callwood Destillery
Leonards
Mt. Sage
Fort Charlotte
BRITISH VIRGIN ISLANDS
Belmont Point
Mount Sage National Park
Freshwater Pond
Nannie Cay
Great Thatch Island
West End
Fort Recovery
Road Town
Spanish Town
Little Thatch I.
Frenchmans Cay
Congo Cay
Whistling Cay
Mary Pt.
Leinster Bay
The Narrows
Lovango Cay
Grass Cay
Cinnamon Bay
Annaberg Ruins
More Hill
Mingo Cay
Winward Passage
Trun
Underwater Trail
Mamey Peak
Emmaus
Passage
Two Brothers
Caneel Bay
Hurricane Hole
Nancy Hill
East End Point
Camelberg Peak
Bordeaux Mtn.
Coral Bay
East End
Pelican Island
Redhook Pt.
Privateer Point
Cruz Bay
Gift Hill
Petroglyphes
Calabash Boom
Red Point
Sugar Mill Ruins
Minna Hill
Flanagan Island
Johns Folly
Norman Island
Reef Bay
Leduck Island
Great St. James Island
Blasbalg Point
White Pt.
Rendezvous Bay
Virgin Islands National Park
Saltpond Bay
Flanagan Passage
Ram Head
St. John
Buck Island
Buck Island Reef National Monument (Underwater Trail)
Columbus Landing
Buck Island Channel
Cormorant Beach
Christiansted Harbor
Green Cay
Cramer Park
Fort Christiansvaern
Sugarloaf Hill
Point Udall
Langs Observatory
Seven
Saint Peter
Grapetree Bay
Bugbyhole
Great Pond Bay
Canegarden Bay
Krause Point
Caribbean Sea

A
B
C
1
2
3
4
5
6
ATLANTIC OCEAN
Great Point
Green Island
Grey Hill
Flat Point
Juancho Yrausquin Airport
Cave of Rum Bay
Torrens Point
Sulphur mines oven
Lower Hell's Gate
Flat Point Boiling House
Cove Bay
Mary's Point Ruins
Kelbey's Ridge
Mary's Point Mtn.
585
Sandy Cruz
Well's Bay
Upper Hell's Gate
Spring Bay
Old Booby Hill
230
Mountain Scenery
870
Spring Bay Flat Boiling House
The English Quarter
Ladder Bay
Troy
Core Gut Bay
Booby Hole Ridge
THE BOTTOM
The Gap
Windwardside
Bottom Hill
Maskerhorne Hill
555
Great Hill
431
Peter Simmons Hill
564
The Level
523
Booby Hill
St. John's Hill
Bunker Hill
Thais Hill
398
Johnnies Ground
St. John's
Tent Point
Corner Point
Tent Bay
Fort Bay
Saba
(Neth.)
11
Fence Quarter
Giles Quarter
Caribbean Sea
500 m
Cocoluch Bay
Boven Bay
Fortaan Bay
Boven
294
Venus Bay
ATLANTIC
OCEAN
Pte. aux Prunes
Baie aux Prunes
Terres Basses
Pointe du Canonnier
Cupercoy Bay
Gilboa Hill
Sint Eustatius
(Statia)
(Neth.)
Zeelandia Bay
Little Mountain
Zeelandia
Concordia Bay
Bargine Bay
Great Bay
Franklin D. Roosevelt-Airport
Fort Amsterdam
Signal Hill
Concordia
Compagnie Bay
Jeems
Fort Royal
Golden Rock
Smoke Allay Beach
Historical Foundation Museum
Corre Corre Bay
Behind the Mountain
Round Hill
155
Fort Oranje
Oranje Bay
Old Gin House
ORANJESTAD
Gallows Bay
Crater 'The Quill'
Mazinga
600
12
Caribbean
Sea
Fort Nassau
White Hall
Kay Bay
Fort de Windt
Back-off Bay
1 km

D
E
F
1
2
3
4
5
6
Anguilla, St-Barthélemy
ATLANTIC
OCEAN
Französische Antillen
Point de Froussards
Rocher de L'Anse Marcel
Bell Point
Crowl Rock
North Point
Plateau Red Rock
Tintamarre
Ilet Pinel
Cul de Sac (Fr.)
Petite Clef
Saint-Martin
(France)
Grand-Case
Grand Case Airport
Grand Case Salt Pond
La Savane
Baie Orientale
Etang Chevise
Caye Verte
La Baterie
Etang Guichard
Hope Hill
Mont Careta
Orient Salt Pond
Rambaud
Pic du Paradis
424
Quartier d'Orléans
Baie de l'Embouchure
Etang aux Poissons
Pointe du Bluff
Fort Saint Louis
MARIGOT
7
Colombier
Concordia
St-James
Baie Nettlé
Grand
Etang de
Great Key
Little Key
Simson Baai
Lowlands
Boundary Monuent
St. Peter
South Reward
Oyster Pond
Dawn Beach
Lower Prince's Quarter
Saunders
St. Johns
Queen Juliana Airport
Sentry Hill
340
Naked Boy Hill
Upper Prince's Quarter
Guana Bay
Guana Bay Point
Cole Bay
Great Salt Pond
Cole Bay Hill
Sinmarten Museum
Fort William
PHILIPSBURG
Genève Bay
Guana Key
Point Blanche
Cole Bay
Groot Baai
Little Bay
Fort Amsterdam
Sint Maarten
(Netherlands)
Pt. Blanche Witte Kaap
Caribbean
Sea
2 km

A
B
C
1
2
3
4
5
6
Leeward Islands
Caribbean Sea
Hacket Point
Willet's Bay
Dieppe Bay Town
Sandy Bay
St. Paul's
Helden's Point
Brotherson's Estate
Parsons
Sadlers
Bellevue
Black Rocks
Rawlings Plantation
St. Paul
Newton Ground
St. John
Tabernacle
Mansion
Nicola Town
Estridge Estate
Fig Tree Fort
Fig
Pump Bay
Sandy Point Fort
Sandy Point Tow
St. Anne
Mt. Liamuiga
1156
North West Range
Molineux
Philips
Lodge
Ottley's
Cay
St. Thomas
Christ Church
Charles Fort
Brimstone Hill
Greenhill Estate
St. Mary
Half Way Tree
Bayford
South East Range
1000
Carib Rock Drawings
Romney Manor
Stap
Middle Island
Old Road Town
Trinity
St. Peter's
Old Road Bay
St. Kitts
(St. Christopher)
Challengers
Bloody Point
Trinity
Fairview Inn
Boyd's
Palmetto Point Fort
Fort Thomas
BASSETER
Prickly Pear Cays
Seal Island
Windward Point
Captain's Bay
Scilly Cay
Windward Po
Stoney Bay
Shoal Bay Village
Shoal Bay East
Island Harbour
Savannah Bay
Gibbon Point
Fountain Hill
55
Mid Cay
Savannah Bay
East Cay
Spring Bay
Stoney Bay
Dog Island
Limestone Bay
Flat Cap Point
North Side
59
North Side
Cauls Pond
Stoney Ground
East End Village
Mimi Bay
Little Bay
Crocus Bay
The Valley
Betty Hill
Sandy Island
Wallblake House
Mahogany Tree
Sandy Hill Bay
North Hill Village
The Quarter
Long Salt Pond
Road Point
Wall Blake Airport
Conkpool Bay
Forest Point
Sandy Ground Village
George Hill
Road Bay
Anguilla
(U.K.)
Caribbean Sea
Mead's Bay
Long Bay Village
Long Bay
Lower South Hill
South Hill Village
Forest Bay
Corito Bay
Lookout Tree
Little Harbour
ATLANTIC OCEA
Barnes Bay
West End Village
West End Bay
Blowing Point Village
Blowing Point
Rendez-vous Bay
Cove Bay
5 km
End Point
Shoal Bay West
Maunday's Bay
St-Martin
Anguillita Island
Blowing Rock

D
E
F
1
2
3
4
5
6
St. Kitts
Nag's Head
Major's Bay
Cockleshell Bay
Booby Island
The Narrows
Caribbean Sea
Newcastle Airport
Newcastle
Camps Village
Long Haul Bay
Burnaby
Scarborough
Brick Kiln
Mosquito Bay
Ouali Beach
Jones Bay
Round Hill
309
Sulfurspring
Cades Bay
Fountain Village
Westbury
Cotton Ground
St. James
Tower Hill
St. Thomas Church
Butlers
Mannings
Vaughans
Jessup
Pinney's Beach
St. Thomas
Nevis Peak
985
Huggins Bay
New River
New River Estate
Craddocks
Zetlands
St. Paul
CHARLESTOWN
Hermitage
Old Manor
St. George
Church
Fort Charles
St. John's Church
Gingerland
Bath
Fig Tree
Beaumont
Saddle Hill
381
White Bay
Red Cliff
Low Ground
St. John
Indian Castle Estate
Nevis
2 km
St. Kitts
Canada Estate
Upper Conaree
Half Moon Bay
St. Peter
Muddy Point
Bird Rock
North Frigate Bay
Fort Tyson
Frigate Bay
North Friar's Bay
Salt Pond
South Friar's Bay
Canoe Bay
St. George
288
Estate
Little Salt Pond
Great Salt Pond
343
Mosquito Bluff
Ballast Bay
Turtle Beach
Green Point
Booby Island
Cockleshell Bay
Major's Bay
Nag's Head
The Narrows
Nevis
Newcastle Airport
Newcastle
Camps Village
Mosquito Bay
Round Hill
309
Burnaby
Scarborough
2 km
Nevis

A
B
C
1
2
3
4
5
6
Barbuda
Billy Point
Goat Point
Goat Island
ATLANTIC OCEAN
Hog Point
Cedar Tree Point
Codrington Lagoon
Darby Sink Cave
Two Feet Bay
Rubbish Bay
Highland House
Low Bay
Codrington
The Highlands
Caribean Sea
Martello Tower
River Fort
Castle Hill
Palmetto Point
Spanish Well Point
The Castle
Cocoa Point
Spanish Point
Antigua
5 km
Barbuda
Horn
Boon Channel
Boon Point
Prick Is
Soldier Point
Weatherills Point
Weatherills
The Sisters
Dickenson Bay
Cedar Grov
Mount Jo
Corbison Point
Pelican Rocks
Friars Hill
New Wint
Runaway Bay
Paradise View
St. John
Barnes Hill
Fort Bay
Caribean Sea
Fort Barrington
Fort James
Woods
Shipstern Point
Deep Bay
St. John's Harbour
Clare Hall
Galley Bay
St. John's
Sutherlands Development
Guard Point
Five Islands Village
45
St. Johnstone Village
Hawks Bill Bay
Sutherland
Potters Village
Gulf Point
Golden Grove
Fullerton Point
Hansons Bay
Belmont
Pelican Island
Maiden Island
Creekside
Five Island Harbour
58
Believue Heights
Leonards Pt.
New Division
Storny Horn
Hermitage
Renfrew
Bakers Cellar
Five Islands
York
Ebenezer
63
Pearns Point
Mosquito Cove
Jennings
St. Lukes
Reeds Point
Aberde
Buck
Emanuel
Lignumvitae Bay
Bendals
Bolans
Valley Church Bay
Ffryes Point
St. Mary
Ffryes Bay
Boggy Peak
402
Sage Hill
354
Saw-
John Hughes
Bishops
Half Hide or Picarts Bay
Dark Wood
393
Shekerley Mtns.
Crab Point
Crab Hill
Fig Tree
Signal Hill
368
Crab Hill Bay
Johnsons Point
Cades Bay
Tramontania
Johnsons Point
Urlings
Brooks
Old Mill
Old Road
Goat Head
Morris Bay
Carlisle Bay
Curtain Bluff
Old Road Bluff
Montserrat
Redonda (Ant. & Barb.)
296
South Point
Pinnacle Rock
An

D
E
F
1
2
3
4
5
6
Leeward Islands
ATLANTIC OCEAN
Channel
Shoal Point
Dutchman Bay
High Point
Coolidge
Antigua Int'l. Airport
St. George Church
Fitches Creek Bay
Barnacle Pt.
Crabs Peninsula
Blackman Point
Parham Harbour
Long Island
Maiden Island
North Sound
North Sound Point
Great Bird Island
Rabbit Island
Guard Hill
Monocle Point
Guiana Island
Barnes Hill
North Channel
South Channel
Rendevous or Guiana Bay
Crump Island
Pelican Island
Mercers Creek Bay
Rooms
Dums Pt.
Indian Town Pt.
Devil's Bridge
Spithead Channel
Parham
St. Peter
North Sound
Vernons
Gilbert
Seatons
Spencers
Mayers
Willikies
Glanvilles
Pares
Freemans
Cochranes
The Diamonds
Betty's Hope
49
Site of Fort
Bird Island
Grays Pt.
Nonsuch Bay
Conk Pt.
Green Island
Pig Pt.
Big Duers
Little Duers
Long Lane
Lavingtons
Gaynors
St. Philip
Harmony Hall
83
26
Fort Harman Pt.
All Saints
Burkes
Delaps
Potworks Dam
Lyons
Newfield
The Brook
York Island
Willis Freemanns
Ffryers
Montpellier
Watsons
St. Paul
62
Table Hill Gordon
St. Philip's
Freetown
Marygalante Bay
Friars Head
Exchange Bay
Smith Island
Bethesda
Liberta
Christian Hill
Willoughby
Fort William
Half Moon Bay
Hudson Point
Monks Hill
Red Hill
Falmouth
Chalky Hill
Willoughby Bay
English Harbour Town
Savannah
Isaac Point
Falmouth Harbour
Dieppe Bay
Bats Cave
Site of Fort Christian
The Ridge
Horse Shoe Channel
Site of Middle Ground
Nelson's Dockyard
Shirley Heights
Snapper Hole
Blockhouse Hill
Cape Shirley
8
2 km

A
B
C
1
2
3
4
5
6
Französische Antillen
5 km
Caribbean Sea
Pointe de la Grange Vigie
Anse Pistol
Anse Laborde
Anse-Bertrand
Campe
Pointe d'Antigues
Anse du Souffleur
Port-Louis
Beauport
Gros-C
Anse de la Guérite
Les Mangles
Anse du Canal
Petit-Canal
Pointe à Retz
Ilet à Fajou
Ilet Macou
Morne-à-l'Ea
Ilet à Kahouanne
Pointe Allègre
Duzer
Plage de la Ramée
Ilet de Carénage
Grand Cul-de-Sac Marin
Vieux-Bourg
La Grande Anse
Sainte Rose
Anse Bésia
Pointe de la Grde Rivière
Le Dos d'Ane
611
Deshaies
Sofaïa
Baie Mahaut
La Boucan
Lamentin
Aerop. le Raizet
Les Abymes
Grand
Pointe Ferry
Belle Hôtesse
777
La Couronne
Baie-Mahault
Castel
POINTE-À-PITRE
Pointe Morphy
756
Morne Jeanneton
Pointe-Noire
Anse Guyonneau
Maison du Bois
744
Rhums Charles Simonnet
Jarry
Petit Cul-de-Sac Marin
Fort Fleur d'Épée
St-Félix
Le Gosier
Pointe Canot
Anse Caraïbe
Pointe Mahaut
Mahaut
Parc Zoologique
Morne à Louis
743
631
Morne Léger
Cascade aux Écrevisses
Vernou
Pointe à Bacchus
Petit-Bourg
Grand Ilet
Pointe de Roujol
Malendure
768
Les Mamelles
Saut de la Lézarde
Ilets à Goyaves ou de Pigeon
Maison de la Forêt
Guad
(Fra
Pointe la Rose
Anse à Douville
Goyave
Park National de la Guadeloupe
Pointe à Lézard
Bouillante
Pitons de Bouillante
1088
Basse-Terre
Trois Crêtes
1120
917
Morne Moustique
Anse de Sable
Pointe du Carenage
Pointe du Quesy
Petite Anse
Montagne Soldat
851
1354
Matéliane
1298
Petit et Grd. Sans-Toucher
Sainte Marie
Landing place of Christoph Kolumbus
Plage de Roseau
Marigot
Crête des Icaques
1151
Hindu-Temple
Pointe Constant
Pointe des Habitants
819
Carmichaël
1414
La Soufrière
Pointe de la Capesterre
Vieux-Habitants
Saut d'Eau de Matouba
Nez Cassé
1281
1467
L'Échelle
1397
Chutes du Carbet
Étang Zombi
Routhiers
Capesterre-Belle-Eau
Roche Gravée
Matouba
Maison du Volcan
1155
La Citerne
Saut de Constantin
Cascade de la Parabole
Pointe du Carbet
Anse à la Fontaine
Baillif
St-Claude
971
La Madeleine
Saint-Sauveur
Anse St.-Sauveur
BASSE-TERRE
Gourbeyre
Pointe Madame
Anse Bernard
Pointe Coq-Souris
Delgrès
Anse Turle
Monts Caraïbes
687
Trois-Rivières
Parc Archéologique des Roches Gravées
Fort Royal
Vieux-Fort
Pointe à Launay
Terre-de-Haut
Terre-de-Bas
Terre-de-Haut
1
2
4
5
6
8

D
E
F
Saint-Barthélemy
(Fr.)
1
2
3
4
5
6
St-Martin
Flamands
Baie de St-Jean
Marigot
Corossol
Lorient
281
St-Jean
Grand Fond
Gustavia
ATLANTIC
OCEAN
Anse à Néau
Le Moule
Porte d'Enfer
Zévalo
Anse à l'Eau
St-Louis
5
Chapelle Baie d'Olive
Anse à la Baie
St-François
Douville
4
Pointe des Châteaux
Anse Kahouanne
Pointe des Colibris
Pointe du Vert
Gros Sable
Jacques
La Désirade
Pointe du Grand-Abaque
Baie-Mahault
Le Souffleur
Anse d'en Haut
Grande-Anse
Pointe Frégule
Beauséjour
Pointe des Colibris
Iles de la Petite Terre
Terre de Haut
Terre de Bas
Anse des Corps
Chapelle Ste-Anne
Anse de la Savanne Brûlée
Les Saintes
(Fr.)
Trois-Rivières
Basse-Terre
Terre-de-Haut
Fort Napoléon
Roches Percées
Orgues de Basalte
Trou de Grd. Souffleur
Terre-de-Bas
Morne Abymes
293
316
Terre-de-Haut
Petites-Anses
Grand Ilet
La Couche
Marie-Galante
(Fr.)
Grosse Pointe
Gueule Gd. Gouffre
Anse du Vieux-Fort
Vieux-Fort
Caye Plate
Pointe Pisiou
Anse Canot
Anse Chapelle
Pointe Saragot
Grelin
Anse Piton
St-Louis
Le Trou à Diable
204
9
Pointe de Ci-metière
Pnte de
Caye à Poirier
Gde-Anse
Rabi
Les Galeries
Anse Ballet
Grand-Bourg
Pointe-à-Pitre
Château Murat
Capesterre-de-Marie-Gal.
Pointe la Feuilliere
Pointe des Basses

A
B
C
1
2
3
4
5
6
Windward Islands
ATLANTIC
OCEAN
Dominica
Gouadeloupe Channel
Capucin Point
Capucin
Carib Point
Penville
Vieille Case
(Itassie)
Morne aux Diables
861
Douglas Bay
Underwater-park
Gulliet
Cabrits National Park
Fort Shirley
Belmanier
Anse du Mé
Calibishi
Woodford Hill
Portsmouth
(Grand Anse)
Prince Rupert Bay
St. John
Glanvillia
Woodford Hill Lake
Wesley
(La Soie)
Londonderry Bay
Melville Hall
Marigot
Pointe Ronde
Indian River
714
Northern
Forest
Reserve
St. Andrew
Pagua Bay
Syndicate Estate
Dublanc
Morne Concorde
618
Atkinson
Salibia
Salibia Isles
St. Peter
Morne Diablotins
1447
Colihaut
Anse Maho
Carib Reserve
L'Escalier Tête-chier
Coulibistri
Morne Raquette
Central Forest Reserve
Morne Frazer
693
Castle Bruce
St. David Bay
Salisbury
St. Joseph
St. David
Méro
Morne Laurent
686
705
Good Hope
Grand Marigot Bay
St. Joseph
Layou
Layou River
Morne Couronne
Emerald Pool
Saint Sauveur
Petite Soufrière Bay
Pont Casse
Rosalie
Rosalie Bay
St. Paul
Morne Trois Pitons
1447
Mahaut
711
Boeri Lake
Springfield Plantation
Massacre
1222
Fresh Water Lake
Canefield
Morne Macaque
Roger
2
Laudat
La Plaine
Pointe Giraud
Morne Trois Pitons
Boiling Lake
Trafalgar Falls
Woodbridge Bay
Morne Watt
ROSEAU
Botanic Gardens
St. George
1224
L'Illet
National Park
Délices
Giraudel
Morne Anglais
1124
St. Patrick
Pointe Daniel
Loubiere
Caribbean
Pichelin
Pointe Michel
(La Pointe)
St. Luke
Petite Savane
Morne Plat Pays
804
Berekua
Fond St. Jean
Anse Bateaux
Tête Morne
Grand Bay
Sea
Soufrière
Grand Soufrière Sulphur Spring
Soufrière Bay
St. Mark
Scotts Head
Scotts Head Village
Pointe des Fous
Martinique Channel
5 km

D
E
F
1
2
3
4
5
6
Martinique
Saint Lucia Channel
Caribbean Sea
Pointe Du Cap / Cap Estate
Pointe Hardy
Pigeon Island National Historic Park
Anse Lavoutte
Gros Islet
Rodney Bay
Comerette Point
Espérance Harbour
Cuti Cove
Labrellotte Point
Derambeau
Cape Marquis
Choc Bay
Marisule
Dauphin
Estate
D'Estrées Point
Marqius Bay
Paix Bouche
Marquis Estate
CASTRIES
Cathedral
Bagshaw Studios
Ft. Charlotte
Grande Anse
Morne Fortune
Babonneau
Grande Cul De Sac Bay
Cul De Sac Banana Plantations
Tortue Point
Dauphin
Coubaril Point
677
La Sorcière
Louvet Point
Castries
La Croix Maingot
572
Piton Flor
Anse Louvet
Marigot Bay
Roseau Bay
L'Abbayée
Au Leon
Anse Galet
Anse La Raye
Anse Povert
Povert Point
La Caye
Grande Rivère
Fond D'Or Bay
Errard Plantation House
Dennery
Dennery Island
Canaries
Anse La Raye
Dennery Bay
Dennery
Linnis Point
Barre de l'Isle
Blanche Point
Soufrière
Nature Reserve
Frigate Islands Nature Reserve
Marine N.P.
Mount Gimie
958
Praslin
Martelly Point
Anse Chastenet
Soufrière
Mon Repos
Anse Patience
Soufrière Bay
Diamond Baths
Sulphur Springs
Morne Fond St-Jacques
Patience
Petit Piton
Petit Piton Point
750
Edmond Forest Reserve
Quilesse Forest Reserve
Violon Point
Fond Bay
Anse Des Pitons
Etangs
Micoud
Micoud
Vierge Point
Troumassé Bay
Gros Piton Point
798
Ti Rocher
Caribe Point
Choiseul
Desruisseaux
Anse Ger
Debreuil
Vieux Fort
Pointe Lamarre
Choiseul Bay
Choiseul
Pierrot
Anse L'Slet
Augier
Laborie
Pointe De Caille
Anse De La Rivière Dorée
Savannes Bay Nature Reserve
Laborie
Laborie Bay
Hewanorra Intern. Airport
ATLANTIC
St. Lucia
Pointe Sable
Vieux Fort
Anse De Sables
Maria Islands Nature Reserve
Vieux Fort Bay
Cape Moule à Chique
Caesar Point
Ministre Point
5 km
Vincent Passage
OCEAN

A
B
C
1
2
3
4
5
6
Canal de la Dominique
Grand'Rivière
Macouba
Basse-Pointe
Anse Basse Pointe
Cap St-Martin
Plantation Leyritz
Grand Anse
895
Anse Céron
L'Ajoupa-Bouillon
Le Lorrain
Mont. Pelée
1397
Le Prêcheur
386
Parc Naturel Rég. de la Martinique
509
567
Tombeau des Caribes
Le Morne Rouge
Morne Jacob
884
Le Nord
St-Pierre
Fonds-St-Denis
Morne Bellevue
Anse Turin
Observatoire
924
694
Deux-Choux
523
Piton du Carbet
1120
Le Carbet
Le Morne-Vert
1196
469
Anse Four à Chaux
Ston Therm d'Absalon
Jardin de Balata
Bellefontaine
564
Balata
Case-Pilote
Caribbean Sea
Schœlcher
Pte. des Nègres
FORT-DE-FRANCE
Baie de Fort-de-France
Anse à l'Âne
Anse Noire
Anse Dufour
Parc Naturel de la Martinique
460
Cap Salomon
Grde. Anse d'Arlet
Les Anses-d'Arlet
Morne Larcher
471
Petite Anse du Diamant
Pte. du Diamant
St. Lucia
5 km
1
2
3

D
E
F
Französische Antillen
1
2
3
4
5
6
ATLANTIC
OCEAN
Marigot
Anse Charpentier
Fond St-Jacques
Sainte-Marie
151
Îlet St-Aubin
Pte. du Diable
149
Res. Nat.
de la Caravelle
1
217
La Caravelle
Baie Grandjean
Martinique
(France)
Morne
des Esses
La Trinité
Baie
de Galion
Pte. de la Batterie
P. Nat. Rég. d. l. Martinique
Gros-Morne
124
4
Ilet Ramville
ou Chancel
Havre du Robert
Le Robert
oseph
319
Cul de Sac des Roseaux
111
185
Baie du
François
Le François
Le Lamentin
6
Aérop. de
Fort-de-Fr.-
Le-Lamentin
136
Baie du Simon
Pte. Vauclin
Ducos
Le St-Esprit
Mgne. du Vauclin
504
Baie du
Vauclin
5
Le Sud
Parc
Naturel Régional
de la Martinique
Trois-Ilets
Le Vauclin
209
Rivière-Salée
188
Cul de Sac de
Paquemar
359
Forêt de
Montravail
Grande Anse
Macabou
Rivière-Pilote
106
Blocs
Erratiques
Ste-Luce
Le Marin
Grande Anse
Cap Ferré
Anse
du
Céron
200
du Diamant
Ste-Anne
Pte. Dunkerque
Savane des
Pétrifications
Pte. Baham
Pte. des Salines
Pte. d'Enfer
Canal de Ste-Lucie

A
B
C
1
2
3
4
5
6
Windward Islands
St. Vincent Passage
Caribbean
Sea
Fancy
Cape Roll
Owia
Owia Bay
Baleine Point
De Volet Point
Falls of Baleine
Sandy Bay
Chibarabu Point
La Soufrière
1219
New Sandy
Bay Village
Larikai Point
Larikai Bay
Crater Lake
Rabacca
Farms
Overland Village
Morne Ronde Point
Morne Garu
Mountains
St. David
Orange Hill
Wallibou Beach
Richmond Beach
Wallibou R.
Rebecca Dry R.
Chateaubelair Islet
Richmond
Richmond Peak
1075
933
Petit Bordel Bay
Dark Head
Chateaubelair
Mt. Brisbane
Georgetown
Troumak
Rose Mall
Charlotte
WINDWARD HWY.
Black Point
Spring Village
Cumberland R.
Wallilabou Bay
1022
Colonaire R.
Colonaire
Barrouallie
Paradise Malone
LEEWARD
St. Patrick
Sans Souci
Colonarie Bay
822
Grand Bonhomme
970
Greiggs
Petroglyph.
Nature Trail
Montreal Garden
Jackson's
Point
Vermont
Layou
Buccament R.
Biabou
Macariacaw
Grant's Bay
Yambou
Richland
Park
Lapaze Rock
St. Andrew
Mt. St. Andrew
736
ATLANTIC
Petroglyph.
HWY
St. George
Mesopotamia
Petroglyph.
Camden Park
Fort
Charlotte
Botanic Garden
Belmont
Petroglyph.
Camden Park Bay
Argyle Beach
KINGSTOWN
Kings Hill
Forest Res.
Yambou Head
OCEAN
Kingstown
Bay
Glen
Stubbs Bay
Arnos Vale Airport
Villa
Young Island
Calliaqua
Milligan Cay
Fort
Duvernette
Gunn Point
Sharp's
Bay
St. Vincent
Grenada
Bequia Channel
The Grenadines
Bequia
265
Port Elizabeth
5 km

D
E
F
1
2
3
4
5
6
Barrouallie
Colonarie Bay
Grant's Bay
Campden Park Bay
Kingstown
St. Vincent
Calliaqua
Stubbs Bay
Young Island
Milligan Cay
4
Bequia Channel
ST. VINCENT
AND THE GRENADINES
Caribbean
Sea
14
265
Port Elizabeth
Bequia
Admiralty Bay
Derrick
Petit Nevis
Isle à Quatre
Battowia
Baliceaux
All Awash Island
The Pillories
Lovell Village
Britannia Bay
Mustique
150
4
Petit Mustique
Grenada
Petit Canouan
Savan Island
ATLANTIC
OCEAN
Canouan
267
Charlestown
North Mayreau Channel
Catholic Island
Mayreau
Tobago Cays
Sail Rock
Union Island
5
Chatham Bay
305
Ashton
Clifton
4
Palm Island
Martinique Channel
Petit St. Vincent
Windward
291
Petit Martinique
Sandy Isle
Hillsborough
Grand Bay
GRENADA
Tyrrel Bay
Carriacou
The Grenadines
5 km

A
B
C
1
2
3
4
5
6
North Point
Animal Flower Cave
Seaview
Greenidge
Harrison Point
St. Lucy
Spring Hall
Mount Gay Distillery
Gay's Cove
Maycock's Fort
1B
1C
Church Hill
Boscobelle
Sutherland Road
St. Nicholas' Abbey
260
Cherry Tree Hill
Mile and a Quarter
1
Morgan
Farley Hill National Park
Barbados Wildlife Reserve
Heywoods Beach
Denmark Fort
Carib Cave
Speightstown
St. Peter
2
St. Andrew
2A
The Potteries
Mullins Bay
Gibbs Beach
Lower Carlton
Orange Hill
Mount Hillaby
343
Endeavour
St. James
Flower Forest
Folkstone Fort
Welchman Hall Gully
Folkstone Underwater Park
Folkstone
Rock Hall
St. James Fort
Holetown
Welchman Hall
St. Thomas
Sandy Lane
Paynes Bay
Redmans
Thorpes
Market Hill
Constitution R.
ABC Hwy.
3
Batts Rock Bay
Foster Hall
St. Michael
3B
4
West India Rum Refinery
Spring Garden Hwy
BRIGHTON
BRIDGETOWN
5
Queen's Park
Pelican Village
Carlisle Bay
Rendezvous
Needham's Point
St. Annes Fort
7
Rockley
Rockley Beach
Caribbean
Sea

D
E
F
1
2
3
4
5
6
Barbados
ATLANTIC
OCEAN
Barbados
Bathsheba
Andromeda Botanic Gardens
Hackleton's Cliff
Villa Nova
St. John's Church
Bath
St. John
Coach Hill
Codrington College
Four Cross Roads
Sealy Hall
Ragged Point
Sealy Hill
Oughterson House
Barbados Zoo Park
Cottage Vale
King George V Memorial Park
Ellerton
Sunbury Plantation and Museum
St. Philip
Marriot's Sam Lord's Castle
Brereton
Long Bay
Four Roads
Valley
Crane Beach
Christ Church
St. Patrick's
St. Martins
Balls
ABC Hwy.
Grantley Adams International Airport
Scarborough
South Point
2 km

A
B
C
1
2
3
4
5
6
Windward Islands
Grenada
St. Vincent
Caribbean
Sea
Laurant Point
Carib's Leap
Sauteurs
Duquesne Bay
Nonpareil
Union
Chantimelle
Morne Fendue
St. Patrick
Amerindian Remains
St. Mark Bay
Victoria
St. Mark
Maran Bay
Benago Beach
Hermitage
Gouyave
Mt. St. Catherine
841
Florida
Little River
Gouyave Bay
St. John
Clozier
Grand Roy Bay
Grand Roy
Mt. Granby
683
Bylands
Marigot
Black Bay Point
Concord
Concord Falls
765
Halifax Harbor
Fontainbleu Falls
Lower Capitol
Birch Cove
La Digue
Adelphi
Grand Étang
St. Andrew
Happy Hill
Annandale Waterfall
Willis
Beausejour R.
Grand Étang Forest Reserve
Mt. Lebanon
715
Munich
Molinière Point
Constantine
Mt. Moritz
Mt. Sinai
702
Snug Corner
Grand Mal Bay
St. George
St. David
Pomme Rose
Tempé
ST.GEORGE'S
Ft. George
Richmond Hill
St. Paul's
Windsor Forest
St. David's
Fort George Point
Fort Frederick
Epping Forest
Belmont
Requin Bay
Corinth
La Sagesse
Grand Anse Bay
Grand Anse
Morne Jaloux
Nature Center
Quarantine Point
Rum Distillery
Woburn
Fort Porticì Ruins
Ruth Howard
St. David's Point
International Airport Point Salines
Westerhall Point
Point Salines
Grand Bay
Woburn Bay
Chemin Bay
Fort Jeudy
Lance aux Épines
Hog Island
Point of Fort Jeudy
Glover Island
Prickly Bay
Prickly Point
Calivigny Island
OCE

D
E
F
1
2
3
4
5
6
Mayreau
Tabago Cays
Union Island
305
Clifton
Ashton
Palm Island
Caribbean Sea
The Grenadines
Martinique Channel
ST. VINCENT AND THE GRENADINES
Petit St. Vincent
Windward
291
Petit Martinique
Sandy Isle
Hillsborough
Grand Bay
Tyrrel Bay
Carriacou
South West Point
Saline Island
Large Island
Frigate Island
Bonaparte Rocks
GRENADA
Diamond Island
Les Tantes
Ronde Island
157
Caille Island
London Island
Carib's Leap
Green Island
Sauteurs
Morne Fendue
Bird Island
Rivière Sallée
Grenada
Tivoli
841
Pearls Rock
Pearls Airport
Grenville
Marquis Island
715
Gt. Bacolet Point
St. David's
ATLANTIC OCEAN
Green Island
Sandy Island
Grenada Bay
Rivière Sallée
Antoine Bay
Black Rock
Rum Distillery
Tivoli
Conference Bay
Middle Lake
Pearls Rock
Meadow Beach
Pearls Airport
Racecourse (disused)
Great River Bay
Telescope Rock
Marquis Island
Gt. Bacolet Point
2 km
5 km

KARTENLEGENDE

Autobahnähnliche Schnellstraße
Dual carriageway

Autobahn
Highway

Hauptstraße
Main road

Sonstige Straße
Other road

Unbefestigter Fahrweg
Unmaid road

Piste
Track

4 Straßennummer
Road number

Schiffsverbindung
Shipping line

Autofähre
Car ferry

Staatsgrenze
National boundary

Provinzgrenze
Provencial boundary

MARIGOT Provinzhauptstadt
Capital of province

Nationalpark, Naturpark, Naturschutzgebiet
National park, nature park, nature reserve

Fluss
River

Süßwassersee
Freshwater lake

Salzsee
Saltwater lake

Sumpf
Swamp

Korallenriff
Coral reef

Mangrove
Mangrove

Ausflüge & Touren
Exursions & Tours

Internationaler Flughafen
International airport

Flugplatz
Airfield

Badestrand
Bathing beach

Tauchen
Diving

Surfen
Surfing

Kalte Quelle
Cold Spring

Heiße Quelle
Hot Spring

Hotel
Hotel

Museum
Museum

Sehenswürdigkeit
Object of interest

Golfplatz
Golf-course

Wrack
Wreck

Hafen, Ankerplatz
Harbour, mooring

Leuchtturm
Lighthouse

Wasserfall
Waterfall

Höhle
Cave

Aussichtspunkt
Panoramic view

63 Höhenangabe in Metern
Height in metres

Objekt
Object

1 MARCO POLO Highlights
MARCO POLO Highlights

ALLE **MARCO POLO** REISEFÜHRER

DEUTSCHLAND

Allgäu
Bayerischer Wald
Berlin
Bodensee
Chiemgau/Berchtesgadener Land
Dresden/Sächsische Schweiz
Düsseldorf
Eifel
Erzgebirge/Vogtland
Föhr/Amrum
Franken
Frankfurt
Hamburg
Harz
Heidelberg
Köln
Lausitz/Spreewald/Zittauer Gebirge
Leipzig
Lüneburger Heide/Wendland
Mecklenburgische Seenplatte
Mosel
München
Nordseeküste Schleswig-Holstein
Oberbayern
Ostfriesische Inseln
Ostfriesland/Nordseeküste Niedersachsen/Helgoland
Ostseeküste Mecklenburg-Vorpommern
Ostseeküste Schleswig-Holstein
Pfalz
Potsdam
Rheingau/Wiesbaden
Rügen/Hiddensee/Stralsund
Ruhrgebiet
Sauerland
Schwarzwald
Stuttgart
Sylt
Thüringen
Usedom
Weimar

ÖSTERREICH SCHWEIZ

Berner Oberland/Bern
Kärnten
Österreich
Salzburger Land
Schweiz
Steiermark
Tessin
Tirol
Wien
Zürich

FRANKREICH

Bretagne
Burgund
Côte d'Azur/Monaco
Elsass
Frankreich
Französische Atlantikküste
Korsika
Languedoc-Roussillon
Loire-Tal
Nizza/Antibes/Cannes/Monaco
Normandie
Paris
Provence

ITALIEN MALTA

Apulien
Dolomiten
Elba/Toskanischer Archipel
Emilia-Romagna
Florenz
Gardasee
Golf von Neapel
Ischia
Italien
Italienische Adria
Italien Nord
Italien Süd
Kalabrien
Ligurien/Cinque Terre
Mailand/Lombardei
Malta/Gozo
Oberital. Seen
Piemont/Turin
Rom
Sardinien
Sizilien/Liparische Inseln
Südtirol
Toskana
Umbrien
Venedig
Venetien/Friaul

SPANIEN PORTUGAL

Algarve
Andalusien
Barcelona
Baskenland/Bilbao
Costa Blanca
Costa Brava
Costa del Sol/Granada
Fuerteventura
Gran Canaria
Ibiza/Formentera
Jakobsweg/Spanien
La Gomera/El Hierro
Lanzarote
La Palma
Lissabon
Madeira
Madrid
Mallorca
Menorca
Portugal
Spanien
Teneriffa

NORDEUROPA

Bornholm
Dänemark
Finnland
Island
Kopenhagen
Norwegen
Oslo
Schweden
Stockholm
Südschweden

WESTEUROPA BENELUX

Amsterdam
Brüssel
Cornwall und Südengland
Dublin
Edinburgh
England
Flandern
Irland
Kanalinseln
London
Luxemburg
Niederlande
Niederländische Küste
Schottland

OSTEUROPA

Baltikum
Budapest
Danzig
Krakau
Masurische Seen
Moskau
Plattensee
Polen
Polnische Ostseeküste/Danzig
Prag
Slowakei
St. Petersburg
Tallinn
Tschechien
Ukraine
Ungarn
Warschau

SÜDOSTEUROPA

Bulgarien
Bulgarische Schwarzmeerküste
Kroatische Küste/Dalmatien
Kroatische Küste/Istrien/Kvarner
Montenegro
Rumänien
Slowenien

GRIECHENLAND TÜRKEI ZYPERN

Athen
Chalkidiki/Thessaloniki
Griechenland Festland
Griechische Inseln/Ägäis
Istanbul
Korfu
Kos
Kreta
Peloponnes
Rhodos
Samos
Santorin
Türkei
Türkische Südküste
Türkische Westküste
Zákinthos/Itháki/Kefalloniá/Léfkas
Zypern

NORDAMERIKA

Alaska
Chicago und die Großen Seen
Florida
Hawai'i
Kalifornien
Kanada
Kanada Ost
Kanada West
Las Vegas
Los Angeles
New York
San Francisco
USA
USA Ost
USA Südstaaten/New Orleans
USA Südwest
USA West
Washington D.C.

MITTEL- UND SÜDAMERIKA

Argentinien
Brasilien
Chile
Costa Rica
Dominikanische Republik
Jamaika
Karibik/Große Antillen
Karibik/Kleine Antillen
Kuba
Mexiko
Peru/Bolivien
Venezuela
Yucatán

AFRIKA UND VORDERER ORIENT

Ägypten
Djerba/Südtunesien
Dubai
Israel
Jordanien
Kapstadt/Wine Lands/Garden Route
Kapverdische Inseln
Kenia
Marokko
Namibia
Rotes Meer/Sinai
Südafrika
Tansania/Sansibar
Tunesien
Vereinigte Arabische Emirate

ASIEN

Bali/Lombok/Gilis
Bangkok
China
Hongkong/Macau
Indien
Indien/Der Süden
Japan
Kambodscha
Ko Samui/Ko Phangan
Krabi/Ko Phi Phi/Ko Lanta
Malaysia
Nepal
Peking
Philippinen
Phuket
Shanghai
Singapur
Sri Lanka
Thailand
Tokio
Vietnam

INDISCHER OZEAN UND PAZIFIK

Australien
Malediven
Mauritius
Neuseeland
Seychellen

REGISTER

In diesem Register sind alle im Reiseführer erwähnten Inseln, Orte und Sehenswürdigkeiten sowie einige wichtige Namen und Stichworte aufgeführt. Gefettete Seitenzahlen verweisen auf den Haupteintrag.

Andromeda Gardens (Barb.) 33
Anegada 90, 99
Anguilla 13, 30, **68**, 108, 113
Anse de Grande Saline (St-Barth.) 66
Antigua 12, 14, 27, 30, 65, **71**, 77, 107, 108, 112, 113, 114, 117
Aruba 82
Barbados 12, 13, 14, 16, 17, 18, 20, 24, 27, 31, **32**, 107, 109, 110, 112, 113, 114, 117
Barbados Museum 34
Barbados Wildlife Reserve 34, 110
Barbuda 30, 75, 113, 117
Basse-Terre (Guadel.) 57, 58
Basseterre (St. Kitts) 79, 103, 104
Bathsheba (Barb.) 34
Belafonte, Harry 11, 65
Bequia 45, 54, 55, 105
Boiling Lake (Domin.) 31, 42, 102
Bonaire 82
Bordeaux Mountain (St. John) 93
Botanic Gardens (St. Vincent) 53
Bridgetown (Barb.) 32, 35, 114
Brimstone Hill (St. Kitts) 80, 104
British Virgin Islands (BVI) 15, 68, 90, 100, 109, 112
Buck Island Nat. Park (St. Croix) 92, 108
Canouan 45, 105, 108
Carib Territory (Domin.) 42
Carlisle Bay (Antigua) 74
Carriacou 31, 50
Cascade aux Ecrevisses (Guadel.) 58
Castries (St. Lucia) 51
Charlestown (Nevis) 77
Charlotte Amalie (St. Thomas) 94, 95
Christiansted (St. Croix) 92
Codrington (Barbuda) 30, 75
Concord Falls (Gren.) 46
Cooper Island 102
Coral World Marine Park (St. Thomas) 111
Corossol (St-Barth.) 64
Cricket 18, 74
Cruz Bay (St. John) 94
Curaçao 82
Diamond Falls (St. Lucia) 51
Dog Island 71
Dominica 11, 14, 16, 20, 23, 31, 40, 56, 65, 102, 103, 105, 109, 110, 112, 113
Emerald Pool (Domin.) 43
English Harbour (Antigua) 72
Falls of Baleine (St. Vincent) 53
Fig Tree Drive (Antigua) 72
Five Islands (Antigua) 74
Flora/Fauna 20
Fond St. Jacques (St. Lucia) 51
Fort Charlotte (St. Vincent) 54
Fort-de-France (Mart.) 61
Fort Oranje (Sint Eust.) 85
Französische Antillen 13, 14, **56**, 112
Frederiksted (St. Croix) 92
Freshwater Lake (Domin.) 43
Grand Anse (Gren.) 49
Grand Etang (Gren.) 46
Grande-Terre (Guadel.) 57, 60
Grenada 14, 16, 17, 25, 28, 31, 40, **45**, 107, 108, 112, 113
Grenada National Museum 46, 47
Grenadinen 31, 53, 105, 108
Grenville Cooperative Nutmeg Association (Gren.) 46
Guadeloupe 21, 23, 30, 56, **57**, 66, 107, 109
Guana Island 101
Gunhill Signal Station (Barb.) 35
Gustavia (St-Barth.) 64
Half Moon Bay (Antigua) 74
Harrison's Cave (Barb.) 35
Heritage Collection Mus. (Anguilla) 69
Hillsborough (Carriacou) 50
Hurrikane 21
Îles des Saintes 60
Indian River (Domin.) 43
Inter Oceans Museum (St-Barth.) 65
Jost van Dyke 99, 100, 101, 113
J. R. O'Neal Botanic Gardens (Tortola) 96
Karneval 112, 113
Kingstown (St. Vincent) 53
Kolumbus, Christoph 14, **18**, **19**, 41, 57, 85, 90, 91
La Soufrière (Guadel.) 21, 58, 59
Leeward Islands 19, 40, **68**
Lorient (St-Barth.) 66
Marie-Galante 60
Marigot Bay (St. Lucia) 51
Marigot (St-Martin) 66
Martinique 17, 23, 31, 56, **61**, 66, 107
Mayreau 45, 55, 105
Mont Pelée (Mart.) 61, 62
Montreal Garden (St. Vincent) 54
Montserrat 14, 23, 30, **75**
Mountain Top (St. Thomas) 94
Mount Gay Rum Visitors Centre (Barb.) 35
Mount Sage Nat. Park (Tortola) 96
Mt. Scenery (Saba) 83
Musée Dép. de la Martinique 61
Musée du Rhum Saint-James (Mart.) 61
Musée Schoelcher (Guadel.) 58
Musik 29
Mustique 55, 105
Nelson, Horatio 22, 72, 77, 78
Nelson Museum (Nevis) 78
Nelson's Dockyard (Antigua) 72
Nevis 22, 30, 68, **77**, 107, 113
Niederländische Antillen 14, **82**
Norman Island 100
Oistin (Barb.) 38, 112
Oranjestad (Sint Eust.) 85
Palm Island 105, 108
Parc National de la Guadeloupe 57, 59
Peter Island 102
Petit St. Vincent 108
Philipsburg (Sint Maarten) 87
Picard (Domin.) 45
Pigeon Island 111
Piraten 22
Pitons (St. Lucia) 21, 31, 51
Plymouth (Montserrat) 23, 76
Pointe-à-Pitre (Guadel.) 59
Port Elizabeth (Bequia) 54
Ragged Point (Barb.) 36
Rhys, Jean 44, 65
River Antoine Rum Distillery (Gren.) 47
Road Town (Tortola) 90, 96, 102
Rocher du Diamant (Mart.) 62, 63
Roseau (Domin.) 31, 43
Rum 17, 23, 27, 32, 35, 47, 61, 62, 110
Rum Factory and Heritage Park auf Barbados 110
Saba 11, **82**, 108, 109, 113
Saint-Claude (Guadel.) 59
Saint-Jean (St-Barth.) 65
Salt Island 96, 102
Sandy Island 71
Sint Eustatius 82, **85**, 86, 113
Sint Maarten 12, 21, 27, 28, 30, 66, 82, 86, **87**, 112
Sklaverei 14, 23
Spanish Town (V. Gorda) 98
St-Barthélemy 58, **63**
St. Christopher, s. St. Kitts 79
St. Croix 90, **92**, 108, 109, 112
Ste-Anne (Guadel.) 60, 66
St. Eustatius Historical Foundation Mus. 86
St. George's (Gren.) 47
St. John **93**, 98, 113
St. John's (Antigua) 73
St. John's Church (Nevis) 78
St. Kitts 20, 27, 30, 68, 77, **78**, **79**, 103, 108, 109, 111, 113
St. Kitts Scenic Railway 80
St. Lucia 11, 14, 16, 17, 20, 21, 23, 27, 31, 40, 45, **50**, 65, 108, 109, 111, 112, 113, 117
St. Maarten Park 87
St-Martin 58, **66**, 87, 108, 109
St. Nicolas Abbey (Barb.) 36

St-Pierre (Mart.) 62
St. Thomas 16, 21, **94**, 98, 111, 112
St. Vincent 14, 20, 23, 31, 45, **53**, 105, 108, 109, 113
Sulphur Springs (Domin.) 44
Sulphur Springs (St. Lucia) 51
Sunbury Plantation House & Museum (Barb.) 36
Synagoge (Sint Eust.) 85
The Baths (V. Gorda) 98, 102
The Bottom (Saba) 83
The Quill (Sint Eust.) 85
The Valley (Anguilla) 69
Tobago Cays 55, 105
Tortola 90, **95**, 100, 101, 109, 113
Trafalgar Falls (Domin.) 44
Union Island 31, 45, 55, 105
US Virgin Islands 13, 15, 28, 90
Virgin Gorda **98**, 102, 112
Virgin Islands **90**
Virgin Islands Nat. Park (St. John) 94
Vulkane 23, 41, 51, 59, 76
Walcott, Derek 65
Wallibou Bay (St. Vincent) 54
Welchman's Hall Gully (Barb.) 36
Windward (Carriacou) 50
Windward Islands 19, 31, **40**
Zucker 14, 17, **23**, 32, 60, 79, 80, 110

SCHREIBEN SIE UNS!

SMS-Hotline: 0163 6 39 50 20

E-Mail: info@marcopolo.de

Egal, was Ihnen Tolles im Urlaub begegnet oder Ihnen auf der Seele brennt, lassen Sie es uns wissen! Ob Lob, Kritik oder Ihr ganz persönlicher Tipp – die MARCO POLO Redaktion freut sich auf Ihre Infos.
Wir setzen alles dran, Ihnen möglichst aktuelle Informationen mit auf die Reise zu geben. Dennoch schleichen sich manchmal Fehler ein – trotz gründlicher Recherche unserer Autoren/innen. Sie haben sicherlich Verständnis, dass der Verlag dafür keine Haftung übernehmen kann. Kontaktieren Sie uns per SMS, E-Mail oder Post!

MARCO POLO Redaktion
MAIRDUMONT
Postfach 31 51
73751 Ostfildern

IMPRESSUM
Titelbild: Barbados, Holetown (Laif: Heeb)
Fotos: Aquanauts Grenada Ltd.: Dr. Claus Meyer (16 u.); Jason deCaires Taylor (16 o.); DuMont Bildarchiv: Huber (Klappe r., 15, 23, 29, 42, 58, 67, 80, 103, 112, 113, 116 u.); F1 Online/age: Canela (76), Greenberg (28/29); Huber: Amantini (111), Bertsch (3 u., 30 u., 87, 88/89, 90/91), Carassale (70), Damm (55), Devaux (2 M.u., 40/41), Gräfenhain (3 o., 10/11, 24/25, 68/69, 95), Huber (44, 92), Johanna Huber (9, 97, 100/101), Kaos02 (12/13), Kremer (2 M.o., 5, 32/33, 37), Ripani (3 M., 64, 82/83) Schmid (26 r., 47), Spila (110); © iStockphoto.com: swalls (17 o.); G. Jung (2 o., 4, 6, 7, 18/19, 20, 34, 38, 48, 52, 108, 109, 123, 132/133); Jungle Bay Resort & Spa: Todd Anderson (16 M.); kuumba designs: Dracin Donn Thompson (17 u.); Laif: Heeb (1 o.), Huber (30 o., 79, 110/111, 116 o., 117); Look: age (28), age fotostock (Klappe l., 50, 62/63, 75, 84, 106/107), Heeb (104/105), Pompe (26 l.); mauritius images: age (61), Alamy (72), Bibikow (8), Fischer (99), Steigenberger (27); H. Mielke (2 u., 56/57); P. Spierenburg (112/113); I. Tonollo (1 u.)

10. Auflage 2013
Komplett überarbeitet und neu gestaltet

Chefredaktion: Michaela Lienemann (Konzept, Chefin vom Dienst), Marion Zorn (Konzept, Textchefin)
Autor: Michael Auwers; Koautorin: Irmeli Tonollo; Redaktion: Jochen Schürmann
Verlagsredaktion: Anita Dahlinger, Ann-Katrin Kutzner, Nikolai Michaelis
Bildredaktion: Gabriele Forst
Im Trend: wunder media, München
Kartografie Reiseatlas: © MAIRDUMONT, Ostfildern; Kartografie Faltkarte: © MAIRDUMONT, Ostfildern
Innengestaltung: milchhof:atelier, Berlin; Titel, S. 1, Titel Faltkarte: factor product münchen
Sprachführer: in Zusammenarbeit mit Ernst Klett Sprachen GmbH, Stuttgart, Redaktion PONS Wörterbücher

Printed in Germany. Gedruckt auf 100% chlorfrei gebleichtem Papier

BLOSS NICHT

Ein paar Tipps, wie Sie Ärger und Unannehmlichkeiten vermeiden

UNTER DEM MACHINEEL TREE STEHEN

Es gibt ihn fast an jedem Strand: den *Machineel Tree,* einen Laubbaum mit herzförmigen Blättern. Seine Blätter und Früchte sind giftig, und jeder, der unter diesem Baum bei Regen Schutz sucht, beklagt sich wenig später über unangenehmen Hautausschlag. Die Regentropfen, die vom Baum fallen, enthalten ein giftiges ätherisches Öl und verursachen empfindliche Hautreizungen. Klar, dass man die Früchte auch nicht essen darf.

IN SHORTS ZUM DINNER

Allzu freizügige Kleidung ist – außerhalb der Strände – völlig unangemessen. Nacktbaden ist auf den englischsprachigen Inseln absolut verpönt, nur auf den Französischen Antillen wird über Oben-ohne am Strand nonchalant hinweggesehen; dort gibt es sogar einzelne FKK-Strände. Vermeiden Sie es, in Strandkleidung oder Shorts zum Dinner zu erscheinen. In den Luxusrestaurants ist es für den Herrn sogar üblich, Jackett und Krawatte zu tragen.

AUF EILE DRÄNGEN

Auf den Antillen haben die Menschen mehr Zeit. Erwarten Sie nicht europäische Pünktlichkeit und Zuverlässigkeit von Ihren Gastgebern – das ist ihnen fremd, hier laufen die Uhren anders. Protest, wütender oder unhöflicher zumal, richtet nichts aus, sondern ruft bei den Einheimischen nur Verwunderung oder Ärger hervor.

DIE SONNE UNTERSCHÄTZEN

Selbst wenn Sie schon leicht vorgebräunt sind oder wenn Sie am Mittelmeer noch nie Probleme mit der Sonne hatten: Hier ist die Sonneneinwirkung so stark, dass Sie leicht als „Lobster“ enden können.

TIERE ODER PFLANZEN MITNEHMEN

Nehmen Sie keine Tiere oder Pflanzen mit, und kaufen Sie keine Souvenirs, die aus geschützten Tieren oder Pflanzen hergestellt wurden, z. B. Schmuck aus Korallen oder Schildpatt. Viele der Reptilien und Vögel, die auf den Kleinen Antillen heimisch sind, stehen unter Naturschutz. Der Zoll auf den Inseln und in Ihrem Heimatland sieht über Vergehen bestimmt nicht hinweg.

ZU SCHNELL FAHREN

Viele Straßen sind auf den Kleinen Antillen ausgesprochen schlecht. Schlaglöcher werden, wenn überhaupt, oft nur notdürftig überteert und sind nach ein paar Monaten wieder genauso tief wie vorher. Vor allem nachts sollte man deshalb seinen Fahrstil den Gegebenheiten anpassen, zumal die Fahrbahn auch gerne von Schafen und Rindern als Ruhestätte gewählt wird. Im Übrigen gibt es nur wenig brauchbare Straßenschilder, nach denen man sich richten könnte. Es lohnt also, eine möglichst detaillierte Karte der entsprechenden Insel mitzunehmen.